권력과 지성인

국립중앙도서관 출판시도서목록(CIP)

권력과 지성인 / 지은이: 에드워드 W. 사이드 ;
옮긴이: 전신욱, 서봉섭. -- 개정판. --
서울 : 도서출판 창, 2011   p. ;   cm
원표제: Representations of the intellectual : the 1993
Reith le-ctures
원저자명: Edward W. Said   영어 원작을 한국어로 번역
ISBN 978-89-7453-187-4 03330 : ₩10000
엘리트 계층[--階層] 지성인[知性人]
332.62-KDC5
305.552-DDC21   CIP2011002235

권력과 지성인(개정판)

(Representations of the Intellectual)

1996년 10월 10일 · 초판 1쇄 발행
2011년 06월 15일 · 개정판 1쇄 발행
지은이 · 에드워드 W. 사이드
옮긴이 · 전신욱 / 서봉섭
펴낸이 · 이규인
펴낸곳 · 도서출판 창
등록번호 · 제15-454호
등록일자 · 2004년 3월 25일

주소 · 서울특별시 마포구 합정동 388-28번지 합정빌딩 3층
전화 · 322-2686, 2687 / 팩시밀리 · 326-3218
홈페이지 · http://www.changbook.co.kr
e-mail · changbook1@hanmail.net
ISBN 89-7453-187-4   03330

정가 10,000원

*잘못 만들어진 책은 <도서출판 창>에서 바꾸어 드립니다.

권력과 지성인

Representations of the Intellectual

에드워드 W. 사이드 지음/ 전신욱 · 서봉섭 옮김

창
Chang
Books

EDWARD W. SAID

REPRESENTATIONS OF THE INTELLECTUAL

The 1993 Reith Lectures

벤 소넨버그에게

머 리 말

    에드워드 W. 사이드는 서구의 가치체계와 문화 속에 내재
되어 있는 제국주의적 지배논리를 추적한 『오리엔탈리즘』과
『문화와 제국주의』 등을 통해 우리 독자들에게 비판적 지성
인으로서 인지된 낯설지 않은 인물이다. 이 책은 이러한 서구
의 가치체계와 사회·정치적 실재에 내재된 제국주의적 권력
현상에 대한 문제를, 인류의 사회적 실재에서의 부정의와 지
성인의 책임이라는 차원으로 인식의 지평을 넓힌 그의 연구
의 결정체라고 할 수 있다.

    이러한 분석은 쥘리앙 방다, 월터 리프만, 안토니오 그람시
등의 지성인에 관한 연구결과물에 대한 비교분석과, 투르게
네프의 『아버지와 아들』, 제임스 조이스의 『젊은 예술가의
초상』 등의 수많은 문학작품 속에 등장하는 지성인의 모습에
대한 날카로운 성찰을 통해 이루어지고 있다. 또한 그는 이러

한 논의를 관념적이거나 설교적이 아니라 사르트르, 아도르노, 토크빌과 같은 우리에게 익숙한 지성인들은 물론, 미국, 프랑스, 영국, 아랍 등 다양한 지역의 지성인이 그들의 역사와 사회변화속에서 보여준 행동을 통해 구체적이고 총체적으로 접근하고 있다. 그는 이러한 분석결과를 토대로 사회 각 분야의 고도의 전문화와 전통적 규범의 붕괴로 인해 가치체계가 혼돈양상을 보이고 있는 오늘날에 요구되는 새로운 지성인 상의 정립을 모색하고 있다. 이 책에는 추방자, 주변인, 절반의 진실, 용의주도한 침묵, 회고적이고 자기극화적인 변절, 완곡어법, 흡수고용co-opt, 신성한 교의, 신神, 전문직업인, 보편성, 독립성 등 지성인과 관련한 이루 헤아릴 수 없을 정도로 많은 용어가 등장하고 있다. 이러한 용어들은 왜곡된 인류사회의 실재들을 낳게된 데 대한 지성인에 대한 비판이자 그것을 극복하기 위해 지성인이 갖추어야 할 요건들을 표현하고 있다. 한마디로 그가 말한 지성인의 조건은 신성하고 절대적인 권위를 거부하는 비판정신이라고 할 수 있을 것이다. 그는 이러한 생각을 제임스 조이스의 『젊은 예술가의 초상』에 나오는 '논 세르비암non serviam<어느 누구도 섬기지 않을 것>'이라는 한 마디로 말하고 있다.

사이드는 지성인은 언제나 자신을 공공연하게 드러내어 분명하게 직설적으로 말하고, 절대로 권력에 흡수 고용되지 않고 언제나 주변에 머물러야 하며, 어떤 권력이나 권위라도 그들의 비판으로부터 벗어날 수 없는 독립적이고 비판적으로 행동해야 할 것을 주장하고 있다. 이러한 그의 지성인에 대한 인식은 특히 질곡의 역사 속에서 권력으로부터 억압과 수탈의 멍에를 벗어나지 못하고 있는 한국 사회에서 갖는 함의는 이루 말할 수 없을 것이다. 아마도 우리에게 가장 요구되는 지성인은 독립적 지성인일 것이다. 대부분 과거의 권력은 신랄하게 비판하지만 현재의 권력에 대해서는 침묵하고 있고, 독자적으로 분명히 말을 하기보다는 집단으로 무리지어 말함으로써, 자신을 공공연하게 드러내기보다는 익명성에 안주하는 것이 우리 지성인의 모습일 것이다. 그러나 편협한 이기주의와 집단 감정의 분파주의로 촘촘하게 얽혀 있는 우리 사회가 과연 비판적이고 독립적 지성인이 설 수 있는 공간을 허용하고 있는지에 대해서도 냉철한 자성을 해보아야 할 것이다.

이 책이 한국사회의 지성적 토양에 미세한 균열이라도 일으킬 수 있기를 기대하며 사이드의 말을 대신하는 것으로 옮긴이의 말을 맺고자 한다.

"…당신은 너무 정치적으로 드러나는 것을 두려워한다. 즉 당신은 논쟁적으로 보이는 것을 두려워한다. 당신은 보스나 권위있는 인물의 승인을 필요로 한다. 당신은 균형잡히고, 객관적이고, 온건하다는 평판을 얻기를 바란다. 당신의 희망은…주류 대열 안에 남는 것이다."

1996년 10월

옮긴이 전신욱 / 서봉섭

차 례

■ 머리말 ……………………………………………… 7

■ 서 문 ……………………………………………… 13

1. 지성인이란 누구인가 ……………………………… 33

2. 국가와 전통의 차단 ……………………………… 63

3. 지성인의 추방 : 추방자들과 주변인들 ………… 91

4. 전문직업인과 아마추어 ………………………… 119

5. 권력을 향해 진실을 말함 ……………………… 147

6. 언제나 실패하는 신神들 ……………………… 171

■ 원 주 …………………………………………… 197

서 문

    1948년 버트랜드 러셀Bertrand Russel에 의해 영국 BBC 방송에서 리스 강좌Reith Lectures가 시작된 이래, 로버트 오펜하이머Robert Oppenheimer, 존 케네스 갤브레이스 John Kenneth Galbraith, 존 설John Searle과 같은 일부 미국인들이 이 강좌를 맡은 적은 있으나, 미국에서는 이러한 유형의 강좌를 찾아볼 수 없다.

    나는 아랍 세계에서 성장하고 있던 한 소년으로서 이 강좌의 일부를 방송을 통해 들은 적이 있다(특히 1950년의 토인비Toynbee 강좌 시리즈를 기억하고 있다). 당시 BBC 방송은 아랍세계의 일상생활에서 매우 중요한 부분을 점유하고 있었다. 오늘날까지도 '런던은 오늘 아침에 말했다'라는 귀절은 중동지역에서 일상적인 후렴구이며, 더욱이 그 귀절들은 언제나 '런던은 진실을 말하고 있다'라는 가정 속에 사용되고 있다.

BBC방송에 대한 이러한 관점이 식민주의의 흔적인지는 단언하기 어렵지만, BBC가 '미국의 소리'와 같은 정부 매체는 물론 CNN을 비롯한 미국의 어떤 방송망도 누리지 못하고 있는, 영국 국내외의 공공생활 영역에서 일정한 위치를 점하고 있음은 틀림없는 사실이다. 그 한 이유는 BBC가 시청자들에게 많은 토론과 다큐멘터리 쇼, 그리고 리스 강좌와 같은 프로그램들을 공식적으로 인가된 프로그램으로서가 아니라, 매우 인상적인 범주에 걸쳐서 진지하고, 또 대부분 훌륭한 소재로 된 프로그램으로 제공하는 데에 있다고 할 수 있다.

이러한 점에서 볼 때 BBC방송의 앤 윈더Anne Winder로부터 1993년의 리스 강좌를 맡을 기회를 부여받은 것은 나에게 매우 큰 영예임에 틀림없다. 우리는 스케줄 조정문제로 이 강좌의 시기를 그동안의 관례였던 1월이 아닌 7월 말에 시작하기로 합의했다. 그러나 1992년 말, BBC에서 이 강좌의 예고방송이 나간 순간부터, 무엇보다도 먼저 나를 초대한 것에 대해 많지는 않았지만 비난의 소리들이 쏟아졌다. 비난은 내가 팔레스타인의 권리를 위한 투쟁에 적극적이라는 것과, 그렇기 때문에 순수하고 존중받아야 하는 어떤 강단에도 설 자격이 전혀 없다는 것들이었다. 이러한 비난은 명백하게 반지성적이고 반이성적인 논쟁들의 시작에 불과했다. 그러나

그 모든 논쟁들은 역설적으로 국외자, 아마추어, 그리고 현
상의 교란인으로서 지성인의 공적 역할에 관한 나의 강연주
제를 오히려 뒷받침 해주는 것이라 할 수 있다.

이러한 비판들은 사실상 지성인intellectual[1])에 대해 영국
인이 갖고 있는 태도의 상당 부분을 드러내고 있다. 물론 이
러한 태도는 저널리스트들에 의해 영국의 대중들에게 부여된
것이다. 그러나 그들이 계속한 비판의 빈도는 이러한 관념들
이 어느 정도 오늘의 영국 사회에서 신뢰성을 얻고 있다고 봐
도 충분할 만한 것이었다. 한 동정적인 저널리스트는 방송
예고된 '지성인의 재현Representations[2])of the Intellectual'
이라는 나의 리스 강연 주제에 대해 코멘트하면서, 내가 말하
려는 것들이 매우 '비영국적'인 것이라고 언급했다.

[1) intellectual은 사회과학에서 일반적으로 지식인으로 옮겨진다. 이러한
지식인은 우리말에서 쓰이고 있는 단순히 지식과 교양을 갖춘 기능적
인 지식인이라기 보다는 이성적 판단과 실천력을 지닌 지성인이라는
의미를 갖는다고 할 수 있다. 마르크스, 엥겔스는 역사와 사회변혁과정
에서 지식인의 역할을 주목했고, 그들이 정의한 지식인은 우리들이 흔
히 말하는 지성인의 의미를 가진다고 할 수 있다. 참고로 마르크스와
엥겔스는 지식인을 보수적 지식인과 진보적 지식인으로 구분하고 있
다.

2) 재현representations은 다른 어떤 것들을 대신하거나 대표, 또는 표현
하는 것을 의미한다. 저자는 이 책에서 재현을 마음속에 지닌 이념이나
생각을 드러내고, 약한자의 입장에 서서 불의를 말하는 것을 의미하는
용어로 사용하고 있다. 그러나 이러한 재현이라는 용어는 문학을 전공
하지 않는 일반인들에게는 쉽게 이해 되지 않는 용어이 다. 본서에서는
이점을 고려하여 문맥에 따라 재현을 표현, 표상, 대변 등으로 적절히
옮기고자 한다.

'지성인'이라는 단어에서 연상되는 것은 '상아탑'이나 '냉소'와 같은 것이다. 고故 레이먼드 윌리엄스Raymond Williams의 저술 『주요 어휘들Keywords』은 이러한 지성인에 관한 일단의 실망스러운 생각들을 강조하고 있다.

그는 20세기 중반까지 영어에서는 '지성인, 지성주의, 그리고 지식계급intelligentsia3)'이라는 용어에 대해 비호의적이었으며, 여전히 그러한 의미로 사용되고 있음이 명백하다고 말한다.[1]

지성인의 과업 가운데 하나는 인간의 사고와 의사전달을 극도로 제한하는 진부한 고정 관념들과 도식적인 것들을 분쇄하는 것이다. 나는 강연에 앞서, 나의 강연이 예속될 어떠한 한계도 염두에 두지 않았다. 내가 '팔레스타인 사람'이라는 점이, 불만을 표하는 저널리스트와 비평자들에 의해 빈번하게 언급되었다. 모든 사람들이 알고 있듯이 팔레스타인은 폭력, 광신, 유태인 살해와 동의어였다. 그 반면 그러한 것 이외에는 내가 한 어떠한 작업들도 전혀 언급되지 않았고, 그저 누구나 알고 있는 일이나 다름없는 것처럼 지나쳐버렸

---

3) Intelligentsia는 원래 19세기 후반 러시아에서 자본주의가 발전함에 따라 서유럽사상의 영향을 받아 진보적 사상을 가진 사람을 가리키는 말이다. 또한 인텔리겐챠 그 자체는 처음에는 한 계급으로 형성되지 않는 중간사회층을 지칭했으나, 현재는 지식노동에 종사하는 회사원, 관리, 기사, 교사, 저술가, 예술가 등을 포함하는 지식인 계층을 총칭하는 용어로 쓰이고 있다.

다. 더욱이 나는 "선데이 텔러그래프The Sunday Telegraph"
의 낭랑한 목소리에서 반서방인으로 묘사되었고, 나의 저술
들이 전세계, 특히 제3세계의 모든 악의 근원으로, 서방을
비난하고 있다는 것에 초점이 맞추어졌다. 『오리엔탈리즘
Orientalism』4)과 『문화와 제국주의Culture and Imperialism
』5)를 포함하는 일련의 모든 나의 저술들에서 내가 실질적으로
기술했던 것들은 완전히 관심권 밖으로 벗어나버렸다.(『문화
와 제국주의』에서 용서받지 못할 나의 죄는 제인 오스틴Jane
Austen의 『맨스필드 파크Mansfield Park』 - 나는 그녀의 모든
작품을 칭찬하고 있듯이 이 작품 또한 칭찬하고 있다 - 가 역시
영국인 소유의 안티구아Antigua 지역의 설탕농장과 노예제와
연관되어 있다는 나의 주장이다. 물론 그녀는 이 두 가지를 매

---

4) 1978년에 출판되어 대단한 논란을 불러 일으킨 저자의 저술로서 푸코
   가 '담론 행위'라고 보는 것을 통해 동양에 대한 서양의 편견이 어떻게
   하나의 학문체계와 진리로 굳어졌는가 하는 것을 추적하고 있다. 저자
   는 『오리엔탈리즘』에서 서구인들이 보는 동양은 동양 본래의 모습이
   아니라 부정확한 정보와 왜곡된 편견을 통해 투사된 허상일 뿐이며, 그
   런 의미에서 동양은 그동안 스스로 존재하지 못하고 서구인들에 의해
   서 정의된 형태로만 존재해 있음을 지적하고 있다.
5) 1993년도에 출간된 저자의 저술로서, 저자가 『오리엔탈리즘』을 출간
   한 5년 후부터, 그 책을 쓰는 과정에서 명확해진 문화와 제국주의의 관
   계를 보다 더 체계화시키고 그 범주를 중동에서 전세계로 확장시켜 일
   반적인 패턴을 찾고자 노력한 연구의 결과물이다. 특히 영국, 프랑스,
   미국의 제국주의와 그것에 대항하는 제3세계 국가의 탈식민주의 투쟁
   의 역사적 경험을 문학과 예술작품 속에 용해된 문화적 양식을 통해 추
   적하고 있다.

우 구체적으로 언급하고 있다. 나의 요점은 오스틴이 영국과
영국의 해외영토에서의 행위들에 대해 말하였듯이, 그녀의
20세기 독자와 비평자들 역시 똑같이 그것에 대해서 말하고
있으나, 해외 영토에서의 행위들을 배제하기 위해 국내의 것
에만 너무 오랫동안 초점을 맞추고 있다는 점이다.)

　나의 책들에서 투쟁하고자 한 것들은 동양인, 아리아인,
흑인 등의 신민臣民 종족이라는 인종주의적 본질들은 말할
것도 없고, '동양'과 '서양'같은 허구적 구조들이었던 것이다.
나는 이러한 신화적mythical[6]인 추상적 개념들이, 식민주의
의 침탈을 겪은 나라의 국민들에게, 그들의 침해당한 원래의
순수성에 대한 느낌을 고취시켜 주지 못하는 것은 말할 것도
없고, 오히려 그 자체가 거짓에 지나지 않는 것이라는 것을
거듭해서 말했었다. 나는 또한 그들이 제시하고 있는 다양한
비난의 수사들 역시 그러한 점에서 마찬가지라는 사실을 거
듭해서 말했었다.[7] 한마디로 문화는 동양과 서양같은 거대

---

6) 신화적mythical이라는 단어는 상징적 혹은 전前 논리적 사고를 의미하
　는 것으로, 일반적으로 그릇된 관념이 굳어져 당연하게 간주되는 것을
　표현하는 용어로 사용된다. 이러한 의미의 신화는 공상의 산물이 아니
　라 집단이 여러 개인의 행동을 통일적인 방향으로 인도해 가는 세계관
　을 함의하고 있다.
7) 저자 사이드Said는 그의 많은 저술을 통해 서구의 작가들이 동·서의 구
　분을 통한 동양의 고유성을 찾는 것이나, 서양이 동양 또는 제3세계국
　가들에 저지른 잘못을 비난하는 것들 모두가 근본적으로 서구의 제국
　주의적인 지배 이데올로기를 벗어나지 못하는 한계를 드러내고 있음을
　주장하고 있다.

한 이데올로기적 대립체로 외과수술적으로 분리하기에는, 너무나 뒤섞여 있고, 그 내용과 역사들 또한 대단히 상호의 존적이고 혼성적인 것이다.8)

나의 리스 강좌에 호의적인 비평가들 – 진정으로 내가 말한 것들에 대해 잘 알고 있는 듯이 보였던 논평자들 – 까지도, 사회에서 지성인의 역할에 대한 나의 주장이 비밀스러운 자전적 메세지를 담고 있다고 단정했다. 나는 윈덤 루이스 Wyndham Lewis나 윌리엄 버클리William Buckley 같은 우익 지성인들은 어떻게 생각하느냐는 질문을 받았다. 왜 당신에 따르면 모든 지성인이 좌익의 남성이나 여성이 되어야 하는가라는 물음이 제기 되었던 것이다. 그러나 내가 가장 많이 인용하고 있는 쥘리앙 방다Julien Benda가 (아마 역설적이게도) 대단히 우익적인 인물이라는 사실은 간과되었다.

사실상 이 강좌에서 의도하는 것은 지성인으로서의 공적인 역할수행이 어떤 슬로건이나, 정통 정당의 노선, 또는 고정된 도그마에 따를 것으로 결코 강요되지도, 예견되지도 않는, 정확히 그러한 인물상으로서의 지성인에 대해 말하고자 하는 것이다. 나는 인간의 비참함과 억압에 대한 진실의 표준들은, 지성인 개개인의 정당 친화성, 민족적 배경, 그리고

---

8) 저자는 『오리엔탈리즘』과 『문화와 제국주의』 등에서 세계가 동·서양으로 간단히 분리될 수 없으며, 모든 문화적 양식은 정치, 제국주의 이데올로기 등과 혼재되어 있음을 지적하고 있다.

근원적 충성심에 관계없이 지켜져야 한다는 점을 제시하고자
했었다. 기회주의적인 태도, 용의주도한 침묵, 애국적 무모
함, 회고적이고 자기극화적인 변절 그 이상으로 지성인의 공
적 역할을 훼손하는 것은 없다.

　따라서 나의 지성인에 대한 설명에서 중요한 핵심은, 하나
의 주제로서 보편적이면서도 단일적인 표준을 설정하려는 시
도인 것이다. 아마도 그보다 더 중요한 핵심이라고 한다면,
지역성, 주관성, 현재 시점이라는 각각의 것들과, 보편성이
라는 것 간의 상호작용이라고 할 수 있을 것이다. 존 케리
John Carey의 흥미있는 저술 『지성인과 대중 : 1880~1939
년 기간의 문학 지식인 계층의 긍지와 편견The Intellectuals
and the Masses: Pride and Prejudice Among the Literary
Intelligentsia 1880 – 1939)』[2]이 내가 강의록을 작성한 이후
미국에서 출간되었다. 나는 그것에서 나의 저술에 보충할 수
있는 많은 것을 발견할 수 있었으나, 그의 저술의 거의 대부분
은 지성인에 대한 매우 큰 실망스러움을 표현하고 있었다.
　케리는 기싱Gissing, 웰즈Wells, 윈덤 루이스Wyndham
Lewis와 같은 영국의 지성인들은 현대 대중사회의 발생을
대단히 혐오했으며, '상식인', 도시근교거주자, 중간계급 취
향과 같은 것들을 개탄했다고 말한다. 그들은 그보다는 원래
의 귀족, '보다 좋은' 옛시절, 고급 문화 등을 찬양했던 것이

다.

나의 경우 지성인들이란 그들 원래의 주민인 최대한 광범위한 대중을 향해 호소하는 자들이라고 말할 수 있다(대중을 비난하기보다는). 그러나 지성인에 대한 문제는 케리가 논의한 것과 같이 전체로서의 대중사회에 관련된 것이 아니다. 오히려 지성인에 대한 문제는, 금세기 초의 대학자 월터 리프만Walter Lippmann이 정의했던 여론을 형성하고, 순응시키고, 우월한 소수의 전지전능한 권력자 무리들에 대한 의존을 조장하고 있는 내부자, 전문가, 동인집단, 전문직업인들과 관련된 것이라고 할 수 있다. 이러한 내부자들은 특수이익을 증진시키는 자들이다. 그러나 지성인들은 애국적 민족주의와 집단적 사고, 그리고 계급, 인종, 성적인 특권 의식에 의문을 제기하는 사람들이어야만 하는 것이다.

보편성이란 일상적으로 다른 사람들의 실체로부터 우리를 보호해 주는 것들인 출신배경, 언어, 민족성으로부터 갖게 되는 안이한 확신들을 초월하기 위해서 위험을 감내해야 함을 의미한다. 보편성은 또한 대외정책이나 사회정책과 같은 문제에 직면해서도, 인간 행동의 단일 표준을 찾고 유지하려는 것을 의미한다. 이렇게 볼때 만일 우리가 적들의 정당한 이유없는 침략행위를 비난한다면, 우리 정부가 보다 약한 집단을 침해할 때도 역시 똑같이 비난할 수 있어야만 하는 것이다. 한 마디로 지성인들에게는 무엇을 말하고, 행동해야 하는지를 강제하는 어떤 준거 규칙도 존재할 수 없는 것이다. 마찬가지로 진정한 세속의 지성인에게는 확고부동한 길잡이로 의지하고 경배해야 할 어떤 신神도 없는 것이다.

이러한 상황 속에서 볼 때 사회적 영역들은 다양할 뿐만 아니라 협의점을 도출하기에도 매우 어렵다. 에른스트 겔너 Earnest Gellner는 『지성인의 배반의 배반』이라는 논문에서 방다의 무조건적인 플라톤주의를 비난하고 있다. 그러나 겔너의 글은 우리를 어느 지점에도 정확히 위치시키지도 못한채 끝을 맺고 있다.

더욱이 그의 글은 방다보다도 오히려 명쾌하지도 못하고, 그가 비판하고 있는 사르트르보다도 용기가 없고, 또 조잡한 도그마를 따르고 있다고 주장하는 어떤 자에 비교해서도 유용성마저도 없다고 할 수 있다. 즉 겔너는 '내가 말하는 것은 『지성인의 배반』을 범하지 않는 일이, 지성인의 작업 상황 모델을 엄청나게 단순화시켜 놓은 것을 우리에게 믿도록 하는 것보다도 훨씬 더 어려운 것이다'라고 말하고 있다.[3] 이러한 겔너의 공허한 경고는 모든 지성인('거리에서 무작위로 선별한 열두사람도, 최소한 지식인 계급에 대한 하나의 대표 층 정도로 도덕적 정치적 문제에 대한 지각있는 관점을 제공할 가능성이 있는 것이다'[4])에 대해 희망없고 냉소적이고,

상스러운 공격을 하는 폴 존슨Paul Johnson과 매우 흡사한 것으로, 지성인의 소명이라고 할 수 있는 그 어떤 것도 있을 수 없다는 결론을 낳게 한다. 참으로 경탄스러운 부재이다.

나는 이와 같이 지성인의 소명에 대해 모호한 견해를 내리는 것에 동의할 수 없다. 그 이유는 무엇보다도 지성인의 소명에 대한 일관성 있는 설명이 제시될 수 있기 때문이며, 또한 오늘의 세계가 전문직업인, 전문가, 컨설턴트로 이루어져 그 어느 때보다 훨씬 더 복잡해짐으로써 지성인의 소명에 대한 규명이 절실하게 요청되고 있기 때문이다–더욱이 그러한 주요 역할을 하는 오늘의 지성인들은 막대한 이윤을 얻으면서, 그들의 일에 권위를 부여하는, 과거 세계와는 다른 역할 형태를 보이고 있다.

지성인들이 직면하는 일단의 구체적 선택들이 존재하고 있다. 이러한 선택들이야말로 내 강연의 특징이라고 할 수 있다. 물론 그 첫째는 모든 지성인이 어떤 것을 자신의 청중들에게 재현represent[9]하고, 또 지성인들이 그렇게 하는 가운데 그들 스스로에게 자신을 재현하는 관념에 대한 것이다. 당신은 학자이건, 자유분방한 수필가이건, 또는 국방성 자문위원이건 관계없이, 그러한 일을 하는데 있어서 당신 자신이 갖고 있는 이념idea이나 표상representation에 따라서 어떤

---

9) 재현의 의미는 앞의 역주2 참고.

것을 행한다.

당신은 자신이 보수를 대가로 '객관적'인 조언을 제공하고 있다고 생각하는가? 아니면, 당신은 스스로 학생들에게 가르치는 것이 진정한 가치가 있다고 믿는가? 아니면, 당신은 상궤를 벗어나지만 일관된 시각을 주장하는 인물이라고 당신 자신을 생각하는가?

우리 모두는 한 사회 속에서 살아가고 있고, 각자 자신의 언어, 전통, 그리고 역사적 상황을 지닌 동일한 국가적 성격의 구성원들이다. 지성인은 이러한 사실들에 어느 정도 종속되어야 하고, 어느 정도 적대적이어야 하는가? 이는 지성인들과 제도들(학문기관, 교회, 전문직업인 조직)의 관계에서도 똑같은 것이다. 또한 이는 세속적 권력과의 관계에서도 같다고 할 수 있다. 특히 우리 시대에는 세속적 권력이 상당한 정도로 지식인 계층을 흡수고용co‑opt[10]하고 있다. 윌프레드 오웬Wilfred Owen이 말했듯이, 그 결과는 문사文士들이 모든 사람 위에 서서, 국가 권력을 향해 달려들고, 국가

---

10) co‑opt는 어떤 기관 또는 조직이 불확실한 환경에서 생존하기 위해 조직밖의 영향력 있는 인물을 고용하는 것을 의미한다. 예컨대 외국에 진출한 기업이 현지사정에 밝거나 지도력이 있는 현지 인물을 고용하여 사업의 안정이나 발전을 모색하는 것이다. 흔히 권위주의 정부가 학자나 재야운동가를 국회의원이나 관료 등으로 고용하여 반대세력의 저항을 무마하고 약화시키거나, 그들을 지지세력으로 포섭하는 행위를 가리킨다. 이 책에서 co‑opt는 후자의 의미로 쓰이고 있다.

에 충성을 외치게 된 것이다. 그렇기 때문에 내 견해로서는 지성인의 주요 의무란 그러한 압력으로부터 상대적 독립성을 모색하는 것이다. 따라서 나에게 있어 지성인은, 추방자, 주변인, 아마추어로서, 그리고 권력을 향해 진실을 말하려는 언어의 사용자로서 특성화된다.

리스 강좌는 융통성 없는 엄격한 30분의 방송형태의 제약으로 인해, 실제적인 어려움도 있지만, 이점 또한 있다. 이 강좌는 6주 동안, 일주일 단위로, 한 강좌를 하도록 되어 있다. 그러나 이러한 방송강좌는 지성인과 학자들이 통상적으로 하는 강좌에 비할 때, 훨씬 거대한 살아 있는 청중에게 직접적으로 강연을 할 수 있도록 해준다. 더욱이 매우 복잡하고 무한한 잠재성을 지닌 나의 강연 주제는, 이러한 방송의 특성으로 인해 가능한 정확하고 쉽게 이해되도록 하고, 경제적이어야 한다는 특별한 부담을 주었다. 나는 출판을 준비하면서 방송강좌를 했던 거의 대부분을 원래대로 유지했다. 단지 원문에 대한 근접성과 정확성의 필요라는 두 가지를 유지하는 데에 있어서 더 좋다고 판단되는 경우에 한해, 관련 문헌이나 사례를 첨가하는데 그쳤다. 나는 강연 원문의 주요 요점을 변조하거나, 그렇지 않으면 희석하거나, 질을 높이려는 어떤 실질적 기회도 갖지 못했다.

따라서 나는 여기에서 제시한 아이디어들을 변화시키기 위한 첨언을 거의 하지 않은 반면에, 이 서문이 좀 더 많은 의미의 맥락을 제공하기를 원했다. 국외자로서 지성인의 역할을 강조하면서, 나는 지성인들이 일상적으로 어떤 변화의 가능성을 가로막고 있는 사회적 권위체들 - 대중매체, 정부, 기업연합 등 - 의 무시무시한 강력한 그물망 속에서 갖게 되는 엄청난 무력감을 염두에 두어 왔다.

의도적으로 이러한 권위체에 소속되지 않은 것은, 많은 측면에서 직접적인 변화에 영향을 미칠 수 없는 것이며, 심지어 때에 따라서는 통탄스럽게도, 전율스러운 것이 기록되지 않는 것을 입증하는 증인의 역할이나 떠맡게 됨을 의미한다. 피터 데일리Peter Daily는 탁월한 재능을 지닌 아프리카계 미국인으로서 수필가이자 소설가인 제임스 볼드윈James Baldwin에 대한 최근의 매우 감명 깊은 설명을 통해, 이러한 비애감과 모호한 웅변들에 있어서의 '증인'이 되는 상황들을 특히 잘 묘사하고 있다.[5]

그러나 볼드윈과 말콤 X와 같은 인물들이 지성인의 의식에 대한 내 자신의 표현에 가장 많은 영향을 미친 지성인이 해야 할 일의 유형을 규정하고 있음은 의심할 여지가 없다. 나를 사로잡은 것은 조화보다는 반대의 정신이다. 왜냐하면 지성인의 삶에 있어서의 낭만과 관심과 도전은, 대변되지 못하고 불이익을 받는 집단을 위한 투쟁이 지성인들에게 너무나도

부당하게 힘겨운 짐을 지울 때, 현상에 대한 불일치 속에서 발견될 수 있기 때문이다. 팔레스타인 정치문제에 대한 나의 배경은 이러한 느낌을 더욱 강화시켜주고 있다. 서방과 아랍 세계 모두에서 소유와 비소유로 분리되는 균열이 매일 심화되고 있고, 권력을 장악한 지성인들 사이에는 진실로 놀라울 정도로 점잖은 척하는 무관심이 표출되고 있다.

한때 후쿠야마Fukuyama의 '역사의 종말'이라는 주제나, 리오타르Lyotard의 '장엄한 내러티브'의 '소멸'이라는 설명이 맹위를 떨쳤다. 그러나 이제 그 어느 것이 그보다 매력적이지 못하고, 진실되지 않은 것이 있는가? 이는 신세계질서 또는 '문명의 충돌'과 같은 불합리한 가상들을 만들어 내는 벽창호 같은 실용주의자들과 사실주의자들의 경우도 똑같이 해당된다. 나는 오해받기를 원하지 않는다. 지성인들은 유머 없는 불평불만자들이 될 것을 요구받지도 않는다. 노암 촘스키Noam Chomsky나 고어 비달Gore Vidal이 바로 유명하고 활력넘치는 불평자들이라는 데는 더이상 이론의 여지가 없다. 어떤 사람이 권력의 위치에 있지 않은 때에, 유감스러운 사태를 입증하는 것은, 결코 단조로운 단색적인 행위가 아니다. 그 행동은 대안적 소재들을 샅샅이 찾고, 묻혀있는 기록들을 발굴해 내고, 잊혀진(또는 버려진) 역사들을 소생시키는, 언젠가 푸코Foucault가 냉정한 학식이라고 말했던 것을 포함하고 있다.

또한 그것은 말을 할 수 있는 수많은 진귀한 기회를 만들고, 청중의 관심을 사로잡고, 자신의 적들보다 위트와 토론이 더욱 뛰어남으로써 갖게 되는, 극적이고 반항적인 느낌을 포함한다. 지성인들에게는 방어해야 할 어떤 공직도, 보호하거나 공고화해야 할 어떤 영역도 없는, 근본적으로 불안정하게 만드는 어떤 것들이 존재한다.

그렇기 때문에 지성인은 거만하기보다는 자기 아이러니가 일반적이며, 헛기침이나 하고 말을 더듬거리기 보다는 단도직입적이다. 그러나 지성인들은 그들의 그러한 말들로 인해 높은 지위의 친구를 사귈 수도 없고, 공적인 영예를 얻지도 못하는 부득이한 현실로부터 전혀 탈출할 수도 없다. 그것은 고독한 상황이다. 맞다. 그러나 일이 되어가는 그대로에 대해서 군중적인 관용을 하는 것 보다는 언제나 더 좋은 것이다.

나는 BBC의 앤 윈더와 그녀의 조수 사라 퍼거슨Sarah Ferguson에게 많은 신세를 졌다. 윈더는 이 강좌를 담당한 프로듀서로서 전 과정에 걸쳐서 나를 재치있고 현명하게 이끌어 주었다. 이 책에 흠이 있다면 그것은 물론 전적으로 내 자신의 책임이다. 프랜시스 코디Frances Coady는 원고를 재치있고 지성적으로 편집했다. 그녀에게 진정으로 감사를 보낸다. 뉴욕 팬턴Pantheon 출판사의 셀리 와그너Shelly Wagner는 편집의 모든 진행과정에서 나에게 적극적으로 도움을 주었다.

그녀에게 많은 감사를 보낸다. 이 강좌에 대한 관심과 그것을 발췌하여 출판하는 것에 대해 호의를 보여준 나의 절친한 친구이자 라리탄 리뷰Raritan Review의 편집자인 리차드 포이리에Richard Poirier와 그랜드 스트리트Grand Street의 편집자인 진 스타인Jean Stein에게도 역시 감사를 드린다. 이 책의 내용은 많은 현명한 지성인과 좋은 친구들의 사례에 의해 끊임없이 조명되고 활력을 얻었으나, 여기에 그들의 이름의 목록들이 제시되는 경우 아마도 그들에게는 당혹스럽고 불쾌한 일이 될 것이다. 그들 이름의 일부는 어떤 경우 강좌 속에서 드러나게 될 것이다. 나는 그들에게 사의를 표하며, 그들의 굳은 우정과 가르침에 감사를 드린다. 자이넵 이스트라바디Zaineb Istrabady는 이 강좌를 준비하는 모든 단계에서 나를 도왔다. 그녀의 유능한 도움에도 매우 큰 고마움을 느낀다.

1994년 2월
뉴욕에서
에드워드 W. 사이드

1993 리스 강좌

1. 지성인이란 누구인가

지성인은 매우 큰 집단인가, 아니면 극히 작은 고도로 선택된 사람들의 집단인가? 20세기의 지성인에 대한 가장 훌륭한 설명 두가지는 이 점에 대해 근본적인 대립을 보이고 있다.

1926~37년 동안 무솔리니에 의해 투옥되었던 이탈리아의 마르크스주의자이자, 행동주의자이며, 저널리스트이며, 뛰어난 정치철학자였던 안토니오 그람시Antonio Gramsci는 그의 『옥중 수고Prison Notebook』에서 '모든 사람이 지성인들이며, 그렇기 때문에 누구나 말할 수 있다: 그러나 모든 사람이 사회에서 지성인의 기능을 소유하는 것은 아니다'라고 기술하고 있다.[6]

그람시의 경력은 그가 제시한 지성인의 역할을 잘 입증하고 있다. 그는 훈련된 언어학자로서 이탈리아 노동계급운동의 조직가이자, 그 자신의 저널리즘을 통해서는 단지 사회운

동 그 자체에 그치는 것이 아니라, 그 운동과 관련된 전체적
인 문화적 양식을 구축하려는 목적을 지녔던 가장 의식 있는
사회분석가들 가운데 한 사람이었던 것이다.

그람시가 보여주고자 한 것에 따르면 사회에서 지성인의
기능을 수행하는 자들은 두 가지 유형으로 구분될 수 있다.
첫째는 대대로 같은 일을 계속하는 교사, 성직자, 행정가와
같은 전통적 지성인들이다. 둘째는, 유기적 지성인들organic
intellectuals[1)로서 그람시는 그들을 이익을 조직화하고, 더
큰 권력을 얻고, 더 많은 통제력을 갖기 위해 지성인들을 이
용하고 있는 계급 또는 기업들과 직접적으로 연계되어 있는
자들로 보았다. 따라서 그람시는 유기적 지성인에 대해 '자
본주의 기업가는 자신들의 곁에 산업기술자, 정치경제의 전
문가, 새로운 문화와 새로운 법률제도 등의 조직가들을 창출
해 낸다'라고 말하고 있다. 이러한 설명에 따르면 세척제나
항공 회사가 거대한 시장을 점유할 수 있는 기법을 고안해 내
는 오늘날의 광고 또는 홍보 전문가들, 그리고 민주주의 사
회에서 잠재 고객들의 동의를 획득하고, 찬성을 얻어내고,
고객이나 투표자의 여론을 유도하려는 자들을 그람시의 관점
에서 유기적 지성인들로 간주할 수 있을 것이다. 그람시는

---

1) 자신의 지식을 이용하여 개인적 이익을 추구하는 지성인을 의미하며,
   기능적 지식인으로도 불리워진다.

유기적 지성인들은 적극적으로 사회에 개입하게 된다고 믿는
다. 달리 말하면 그들은 끊임없이 사람들의 마음을 변화시키
고 시장을 확대하기 위해 발버둥치고 있다. 세세년년 같은
종류의 일을 하면서 어느 정도 적당한 위치에 그대로 있는 것
으로 보이는 교사나 성직자와는 달리, 유기적 지성인들은 항
상 움직이고 성공이나 이익을 얻기에 급급하다.

정반대의 극단에는 쥘리앙 방다의 지성인에 대한 매우 훌
륭한 정의가 있다. 그는 지성인을 인간의 의식을 형성하는
탁월한 재능과 도덕적 자질을 부여받은 아주 적은 무리의 철
인哲人-왕王과 같은 자들로 본다.

『지성인의 배반La trahison des clercs』이라는 방다의 논
문은 지성인의 삶에 대한 체계적인 분석서로서 보다는, 자신
들의 소명을 포기하고 원칙을 버리고 타협하는 지성인들에
대한 따가운 공격으로서 후세에까지 그 생명력을 분명히 잃
지 않고 있다. 반면 방다는 그 글에서 자신이 실제로 지성인
으로 생각했던 소수의 인물에 대한 이름과 그들의 주요 특징
들만을 인용하고 있다. 소크라테스와 예수가 빈번하게 등장
하고 있고, 보다 최근의 인물로는 스피노자Spinoza, 볼테르
Voltaire, 에른스트 르낭Ernest Renan이 언급되고 있다.

방다에게서 진정한 지성인들은 성직자와 같이 실제로 매우
드문 인물들로 이루어진다. 그 이유는 그들이 지키는 것이,

분명히 이 세상의 것이 아닌 영원한 진리와 정의의 표준들이 기 때문이다. 그러므로 쥘리앙 방다의 지성인에 대한 종교적 용어 - 성직자2) - 는, 지성인의 지위와 역할수행에 있어서 언제나 속인들과 대립되는 특징을 나타내고 있는 것이다. 속인들이란 물질적 이익, 개인의 발전, 그리고 만일 조금이라도 가능하다면 세속적 권력과 밀접한 관계를 맺는 것에 관심을 갖는 평범한 인간적 존재에 지나지 않는다. 반면에 방다는 진정한 지성인들이란 "자신의 행위가 본질적으로 현실적 목적 추구에 있지 않는 자들로서, 예술, 학문 또는 형이상학적 사색의 실천에서 즐거움을 추구하는 모든 사람들로서, 요컨대 비물질적인 이익을 소유하는 것에서 즐거움을 찾고, 따라서 어떤 의미에서 '나의 왕국은 이 세상에 있지 않다'라고 말함으로써 즐거움을 얻는 자들이다"[7]라고 말한다.

그러나 방다가 제시하는 사례들은, 지성인들이 난해하고, 더욱이 불가해적인 주제에 개인적으로 깊이 빠져 전혀 어떤 속박도 받지 않는 초세속적인 상아탑의 사색가들이라는 관념을 보증하는 것은 아니라는 점 역시 명백히 밝히고 있다. 방다에 있어서 진정한 지성인들은 정의와 진리에 대한 형이상학적인 열정과 이해관계를 초월한 원칙들에 의해 움직이면

---

2) 그의 논문 「지성인의 배반」은 앞에서 보듯이 La trahison des clercs 로 지성인을 성직자clercs로 표기하고 있다.

서, 부패를 비난하고, 약자를 옹호하고, 불완전하고 억압적인 권위에 도전할 때에 바로 지성인 그 자신들의 모습을 갖게 되는 것이다. 방다는 '페늘롱Fenelon과 마씨옹Massillon이 루이 14세의 전쟁들을 어떻게 비난했는가, 볼테르는 팔츠지역Palatinate3)의 파멸을 어떻게 비난했는가, 르낭은 나폴레옹의 폭력성을 어떻게 비난했는가, 버클Buckle은 프랑스 혁명을 용인하지 못한 영국에 대해서는 어떻게 비난했는가, 그리고 우리 시대의 니체는 프랑스에 대한 독일의 야만성을 어떻게 비난했는가'라는 물음을 제기하고, '내가 굳이 이러한 것들을 상기할 필요까지 있겠는가'라고 말한다.[8]

방다에 따르면 오늘의 현실적 운명이 겪는 문제점들은 그 자신이 선견지명적 어구로 표현한 '집단감정들의 조직화'인 분파주의, 대중적 감상, 민족주의적 호전성, 계급이익과 같은 것에, 지성인들이 자신들의 도덕적 권위를 양도하는 데에서 비롯되고 있는 것이다. 방다는 대중매체 시대 훨씬 이전인 1927년에 그의 글을 썼다. 그러나 그는 당시 이미 정부가 정책을 이끌고 가기 위해서가 아니라, 공고화를 위해 필요한 고용인으로서 지성인을 확보하는 것이 얼마나 중요한 문제인

---

3) 팔츠지역Palatinate은 자기 영토안에서 로마제국이나 옛 독일 및 영국에서 왕권과 동등한 권리를 지닌 영주를 말하며, The Palatinate은 라인강 서쪽의 독일제국의 선거후령 지역이나 그 지역의 그 주민을 말한다.

가를 지각했었다. 또한 방다는 정부가 공식적인 적들에 대항하기 위한 선전들을 토해내고, 완곡어법들을 구사하고, 그리고 제도적인 '적절성'이나 '민족적 영예'라는 이름하에 일어나고 있는 것들을 진실인 것으로 가장할 수 있는 전반적인 오웰식 신조어Owellian Newspeak4)의 체계를 만들기 위해서, 지성인들을 종복으로 갖는 것이 얼마나 중요한지를 이미 지각했었다.

방다가 지성인의 배반 행위에 대해 토로한 비통함이 강렬한 설득력을 갖는 것은 그의 주장이 예리해서도 아니며, 지성인의 소명에 대한 철저하게 비타협적인 관념에서 오는 거의 불가능해 보이는 절대주의에 있는 것도 아니다. 방다의 정의에 의하면 진정한 지성인들은 화형에 처해지거나, 추방되거나, 또는 십자가에 못 박히는 위험을 감내하는 자들이다. 그들은 현실적 관심사에는 단호히 거리를 두는 자들로 인식되는 상징적 인물들인 것이다. 그렇기 때문에 그만큼 그들은 수적으로 많을 수 없고, 또한 일상 속에서 만들어질 수도 없는 것이다. 그들은 강한 개성을 지닌 철저한 개인들이며, 무엇보다도 그들은 현상에 대해서 거의 영구적으로 대립 상태에 있어야만 하는 것이다.

---

4) 영국의 작가 조지 오웰의 소설 『1984』에 나오는 용어로 정부 관리들이 여론조작을 위해 사용하는 '일부러 애매하게 하는 말'을 뜻한다.

이러한 모든 이유들로 인해 방다에게 있어 지성인들은 불가피하게 소규모일 수밖에 없는 대단히 두드러진 남성 집단들이다—그는 결코 여성을 포함한 적이 없다. 방다가 말한 이러한 인물들은 높은 곳에서 인류를 향해 큰 목소리의 야비한 저주를 쏟아붇는 자들이라고 할 수 있다. 더욱이 방다에게서는 그러한 지성인들이 어떻게 해서 진리를 알게 되었는지, 또는 그들의 돈키호테와 같은 영원한 원칙에 대한 맹목적 통찰력이 개인적 환상에 지나지 않는 것인지의 여부는 결코 찾아볼 수 없다.

그러나 방다에 의해 일반적 차원에서 그려진 참된 지성인의 이미지는, 전혀 의심할 여지가 없이 여전히 매력적이고 강렬한 것으로 나에게 살아남아 있다. 방다가 제시한 사례들은 부정적인 것들 이상으로 수많은 긍정적 사례들 역시 설득력이 있다. 예컨대 긍정적인 사례로 볼테르가 칼라스Calas 가족에 대해 공개적인 옹호를 제시하고 있고, 모리스 바레스Maurice Barres와 같은 프랑스 작가들의 전율스러운 민족주의를 정반대의 부정적 사례로 예시하고 있다.5) 방다는 바레스와 같은 프랑스 작가들을 프랑스 민족의 영예라는 이름을 빌려, '조악하고 경멸스러운 낭만주의'를 영속시키는 자들로

---

5) 볼테르가 칼라스 가족에게 내려진 유죄평결이 잘못된 것이라고 비난하며, 공공연하게 칼라스 가족을 옹호하고 나선 사건이다. 자세한 내용은 본서의 맨뒤에 있는 원주 9번을 참고할 것.

간주 했다.[9] 이러한 방다의 정신세계는 드레퓌스 사건6)과 1
차 세계대전을 통해 형성되었다. 이 두 사건은 지성인에 대
한 엄격한 검증을 요하고 있었다. 당시 지성인들은 반유태적
인 군사적 불공정성과 민족주의적 열광에 대항하여 용기있게
말하든지, 아니면 독일에 대항하는 전쟁열기를 선동하기 위
해 맹목적 애국주의를 찬양하면서, 불공정하게 유죄평결을
받은 유태인 장교 알프레드 드레퓌스에 대한 옹호를 거부하
고 소심하게 군중들을 따르는 양자택일의 선택을 할 수 있었
던 것이다. 한편 방다는 2차 세계대전 이후 그의 책을 재출간
했다. 이때 그는 공산주의에 무비판적으로 열성적이었던 자
들뿐 아니라, 나치에 협력했던 지성인들에 대한 일련의 공격
을 추가했다.[10]

   그러나 기본적으로 매우 보수적인 방다의 저술이 갖는 호
전적인 수사법의 깊이는 격리된 존재로서의 지성인의 모습에
대한 비유에 있다. 이러한 격리된 지성인이란 권력에 대해
진실을 말할 수 있는 자로서, 어떤 세속적 권력도 그들로부
터 비판을 받지 않거나 신랄한 지적을 피할수 없는 까다롭고,
유창하고, 환상적인 용기와 분노를 지닌 개인들이다.

---

6) 1894년 프랑스에서 유태계 대위 드레퓌스가 기밀누설혐의로 종신형을
   선고 받았으나 뒤에 무죄로 밝혀진 사건이다. 그러나 원주 9에서 보듯
   이 당시 모리스 바레스를 비롯한 많은 지성인들이 드레퓌스의 처벌을
   강력히 주장하는 국가주의적이고 반유태주의적인 현상에 빠졌었다.

사회에서의 특별한 기능을 충족시키는 자로서 지성인에 대한 그람시의 사회적 분석은 방다가 우리에게 제시한 그 어떤 것보다도 훨씬 더 사회적 실재와 밀접하다고 할 수 있다. 특히 수많은 새로운 직업 - 방송인, 학문적 전문직업인, 컴퓨터 분석가, 스포츠 선수 및 매스컴 법률고문, 경영 자문가, 정책 전문가, 정부 자문가, 특수화된 시장 동향보고 기관, 그리고 현대의 대중 저널리즘의 전체계 그 자체 등 - 의 등장으로 그람시의 비전이 잘 입증되고 있는 20세기 말에 들어서는 더욱 사회적 실재와 밀접하다고 할 수 있다.

그람시의 의미에서 보면, 오늘날 지식의 생산이나 전달과 연계된 모든 분야에 종사하는 사람은 누구나 지성인이라고 할 수 있다. 가장 산업화된 서구사회에서 소위 지식산업이라고 부르는 것과, 실질적인 육체적 생산분야에 종사하는 자들 간의 비율을 보면 지식산업쪽이 급격히 증가하고 있다. 미국의 사회학자 앨빈 굴드너Alvin Goulder는 수년전에 지성인들이 신계급으로 등장하고, 이제는 지성적 관리자들이 과거의 금융과 자산소유 계급을 거의 전적으로 대체하고 있다고 말했다. 그러나 굴드너는 지성인들이 앞세대 지성인의 역할처럼 더 이상 광범위한 대중 앞에서 연설을 하는 사람은 아니라는 점 또한 말했다. 즉 지성인들은 그대신 그가 '비판적 담론의 문화'라고 부르는 것의 구성원이 되었다는 것이다.[11]

오늘날 책 편집자와 저자, 군사전략가와 국제법률가 등과 같은 각각의 지성인은, 같은 분야에 있는 다른 구성원들에 의해 전문화되고 내부적으로 사용되는 언어로 말하고 문제를 다룬다. 이는 특수화된 전문가가 비전문가인 다른 사람들은 거의 알아들을 수 없는 링궈 프랭커어Lingua Franca[7]를 통해 같은 분야의 다른 특수화된 전문가에게 말하는 것과 같다.

유사하게 프랑스의 철학자 미셸 푸코Michel Foucault는 소위 보편적 지성인(그는 아마도 장 폴 사르트르Jean Paul Sartre를 염두에 두고 있는 듯하다)이 어떤 규율 속에서 일하지만 어떤 식으로든 자신의 전문성을 이용할 수 있는 사람인 '특수' 지성인으로 대체되고 있다고 말한다.[12] 푸코는 특별히 이러한 특수지성인으로서 미국의 물리학자 로버트 오펜하이머Robert Oppenheimer를 염두에 두고 있었다.

그는 1942-45년 로스 앨러모스 원자폭탄 개발계획의 조직가였으나, 뒤에 가서는 미국의 과학문제에 대한 일종의 장관급 위원이 됨으로써 자기의 전문분야를 벗어난 인물이다.

또한 지성인들의 급증은 지성인들-사실상 처음으로 지성인을 사회계급이 아닌 현대사회 노동의 중심축으로 보았던『옥중수고』에서의 그람시의 선구적인 제안을 따르면-이 하

---

7) 지중해 연안의 아프리카, 중동지역에서 사용되는 이탈리아어, 프랑스어, 스페인어, 그리스어, 아라비아어, 터키어의 혼성어.

나의 연구대상이 될 정도로 매우 광범위한 분야로 확장되었
다. '지성인'이라는 단어 옆에 '의of'와 '와and'라는 단어를
놓으면, 그 범위에서는 대단히 엄청나고, 구체적 내용에서는
매우 미세한 부분에까지 초점을 맞춘 지성인에 관한 연구의
전체 목록이 거의 즉각적으로 우리 눈앞에 드러난다. 민족주
의, 권력, 전통, 변혁 등과 지성인의 관계에 관한 무한한 설
명들이 있을 뿐만 아니라, 지성인의 연구에 이용 가능한 수
만의 상이한 역사학과 사회학들이 존재하고 있다. 세계의 각
지역은 그 지역의 지성인들을 배출하였고, 각 지역마다 그들
의 지성인의 형성과 관련한 토론과 논쟁이 격렬한 열정속에
이루어지고 있다. 지성인이 없다면 현대 역사에서 어떤 중요
한 변혁도 없다. 역으로 지성인이 없다면 어떤 중요한 반혁
명적인 운동도 없다. 지성인들은 사회변혁 운동의 아버지와
어머니이며, 물론 아들과 딸이기도 하며, 조카이기도 하다.

한편 지성인의 모습이나 이미지가 수많은 구체적 세부사항
들 속에 묻혀버리고, 지성인이 단지 또 다른 전문인이나 사
회적 조류의 한 모습에 불과하게 될 위험성이 상존하고 있다.
따라서 앞으로 이 강좌에서 나의 주장은 그람시에 의해 처음
으로 제시되었던 20세기 후반의 사회적 현상들을 당연한 것
으로 간주하지만, 그러나 나는 지성인들이, 단순히 그들의
일에 종사하는 같은 계급의 유능한 구성원이나 얼굴 없는 전

문가로 환원될 수 없는, 사회에서 특수한 공적 역할을 수행하는 한 개인이라는 사실 역시 주장하고자 한다.

나에게 있어 핵심적 사실은 지성인이 일반대중을 위해서는 물론, 일반대중을 향해 메세지, 관점, 태도, 철학, 여론을 재현하고, 구체화하고, 표명하는 재능을 부여받은 개인으로서 생각한다는 점이다. 그리고 지성인의 역할은 그러한 일들에 특별한 강점을 지니는 것으로, 공공연히 당혹스러운 문제를 제기하고 정통과 도그마에 대항하는(도그마를 생산해 내기 보다는) 위치에 있는 어떤 사람이라는 의식이 없이는 해낼 수 없는 것이다. 또한 이러한 역할은 정부 또는 기업들에 의해 결코 쉽게 흡수고용되지 않는 사람이 되고, 자신의 존재 이유를 융단 아래에서 의례히 잊혀지거나 휩쓸려지기 마련인 사람들과 문제들에 대해 말하는 것에서 찾고자 하는 지각이 없이는 이루어질 수 없는 것이다. 지성인은 그런 것들을 보편적 원칙의 토대 위에서 행한다. 모든 사람들은 세속적인 권력이나 국가들로부터 자유와 정의에 관련된 숭고한 행동표준을 기대할 권리가 있으며, 만일 이러한 표준들이 교묘하게 든 우연하게든 침해받는다면 이에 대항하여 용기있게 검증하고 투쟁해야 할 것이다.

이제 이러한 문제를 내 개인적 차원에서 살펴보자. 나는 지성인의 한 사람으로서 청중이나 주민에게 나의 관심사항을 제시한다. 그러나 그것이 관심사항의 단순한 제시에 그치는 것은 아니다. 그것은 내가 그러한 것들을 어떻게 표명할 것인가에 관한 문제인 동시에, 자유와 정의에 대한 대의명분을 발전시키려는 한 사람으로서 내가 스스로 무엇을 표상해야 하는가에 관한 문제인 것이다. 나는 이러한 사실들에 대해 많은 생각을 한 후에 그것들이 옳다고 믿음으로써 글을 쓰거나 말을 한다. 그리고 나는 역시 이러한 견해를 다른 사람들에게 납득시키고자 한다.

그러므로 이러한 지성인으로서 재현 행위에는 공적 사적인 세계가 매우 복잡하게 혼재되어 있다. 달리 말하면 한편으로는 나의 경험으로부터 도출되는 내 자신의 역사, 가치, 저술과 입장들이라는 사적 세계의 것들과, 그리고 다른 한편에서는 그러한 사적인 것들이 전쟁, 자유, 정의에 대해 사람들이 토론하고 의사를 결정하는 사회적 세계로 들어가게 되는 것과 관련된 공적인 세계가 서로 혼재되어 있다는 것이다. 사적인 지성인으로서만 하는 일은 아무것도 없다. 그것은 당신이 말을 내뱉고, 공표하는 순간 공적 세계로 들어서기 때문이다. 그러나 또한 오직 공적인 지성인만도 없다. 예컨대 주의주장이나 운동 또는 지위에 있어서의 명목상 대표, 대변인, 또는 상징으로서만 존재하는 오직 공적인 성격만을 갖는 사람은 없는 것이다. 언제나 개인적인 생각이나 사적인 인식이 있기 마련이며, 그러한 인식은 자신에 의해서 말해지고 쓰여지고 있는 것들에 의미를 부여하고 있다는 것이다. 무엇보다 지성인은 자신의 청중들을 즐겁게 하기 위해 존재해서는 안 된다. 요컨대 모든 요점은 당혹스럽고, 상반되고 심지어 불쾌하기까지 해야 한다는 점이다.

이렇게 볼 때 결국 문제가 되는 것은 재현하는represent 인물로서의 지성인이다. 이러한 재현하는 인물이란 어떤 종류의 입장을 분명히 대변하는 사람, 그리고 모든 종류의 장벽에도 불구하고 자신의 대중들의 입장을 대변하는 사람을 말한다. 나의 주장은 지성인들이란 말하든, 글을 쓰든, 가르치든, 아니면 텔레비전에 출연하든 관계없이 재현의 기법에 대한 재능을 지닌 인물들이라는 점이다. 그리고 그러한 재능은 대중적으로 인지되는 정도에 있어서 매우 중요한 것으로, 책임과 위험감수, 대담함과 연약함이라는 양 측면을 모두 포함하고 있다. 달리 말하면 내가 장 폴 사르트르나 버트랜드 러셀을 읽을 때 그들의 주장 이외에, 그들의 특수하고 개인적인 목소리와 존재가 인상적으로 남게 되는데, 그 이유는 바로 그들이 자신들의 신념을 거리낌 없이 토로하고 있기 때문이다. 그들은 절대로 익명의 관리나 용의주도한 관료와 같은 자들로 오인될 수 없다.

지성인에 관한 연구를 토로하면서 지성인에 대한 정의와는 너무 거리가 멀었고, 모든 참 지성인의 진정한 활력을 이루는 이미지, 특징, 역할을 충분히 검토하지 못했다. 이사야 벌린Isaiah Berlin이 19세기 러시아 작가들이 부분적으로 독일 낭만주의의 영향을 받아서, 청중들에게 '작가 자신들이 공적인 무대에 서서 증언하고 있음을 인식하도록' 했다고 말한다.[13] 그가 말한 특징의 어떤 점은 내가 보았던 현대 지성인들의 공적 역할에도 여전히 해당되는 것이다. 왜냐하면 이러한 공적역할이야말로 우리가 사르트르 같은 지성인들을 기억할 때면, 언제나 자신의 반대자들을 격분시키고, 친구들에게는 활력을 불어넣어 주고, 심지어 과거를 소급해서까지 자신을 당혹스럽게 만드는 식민주의와 범죄행위, 사회적 갈등에 관한 사실을 말하는 그의 개인적인 버릇, 중요한 개인적 관심에 대한 지각, 순수한 노력, 위험감수 의지를 회상할 수 있게 해주기 때문이다. 또한 그러한 공적 특성 때문에 우리가 사르트르와 시몬느 드 보부아르Simone De Beauvior의 관계, 그의 까뮤Camus와의 논쟁, 그와 장 주네Jean Genet의 보기드문 친교관계에 대한 것들을 읽을 때면, 우리는 사르트르를 그의 상황 속에 놓게 된다(그러한 글들은 바로 사르트르의 것이다). 이러한 상황들 속에서, 또 어느 정도는 바로 그 상황들 때문에 사르트르는 사르트르인 것이며, 알제리와 베트남에서의 프랑스 행위에 대해서 역시 반대한 바로 그 사

람인 것이다. 그렇기 때문에 그는 지성인으로서 전혀 무기력
하지 않았고, 지성인으로서의 자질을 결여하지도 않았던 것
이다. 또 그러한 복잡성은 그가 말한 것에 특성과 긴장감을
부여하며, 그를 따분하고 도덕주의적인 설교자가 아닌 오류
를 범할 수 있는 한 인간으로서 드러내 주는 것이다.

　한편 오늘의 현대 지성인들이 재현하는 방법은, 사회과학
논문 자료나 기업활동이 아니라, 마치 소설이나 드라마처럼
보이는 현대의 공공생활 바로 그 자체에서 쉽게 보고 이해할
수 있다. 현대의 지성인들은 어떤 지하운동이나 대규모 사회
운동과 같은 것이 아니라, 그들만의 매우 독특하고 소모적이
라고까지 할 수 있는 생활양식과 사회활동 그 자체에 대해서
재현하고 있다. 그리고 현대의 공공생활 영역에서는 앞에서
말한 그러한 현대 지성인의 역할을, 19세기 말과 20세기 초
의 진기한 소설들-투르게네프Trugenev의 『아버지와 아들』,
플로베르Flaubert의 『감정교육』, 제임스 조이스James Joyce
의 『젊은 예술가의 초상』-에서 나타나는 것 보다도 더욱 용이
하게 발견할 수 있다. 그 소설들은 사회적 실재에 대한 재현이
새로운 등장인물, 즉 현대의 젊은 지성인의 갑작스러운 등장에
의해 심각하게 영향을 받고 게다가 결정적으로 변화되고 있는
것을 잘 보여주고 있다.

　투르게네프의 1860년대 시골 러시아의 묘사는 전원적이고

평온하다. 재산을 소유한 젊은이들은 그들의 부모로부터 생활 관습을 물려 받고, 결혼해서 아이를 낳으며, 그저 약간의 삶의 이동이 있을 뿐이다. 그러나 이러한 모습은 무정형적이지만, 대단히 집중적인 인물인 바자로프Bazarov가 그들의 삶 속으로 갑자기 분출되기 이전에 해당된다. 우리가 바자로프에 대해 주목해야 하는 것 가운데 그 첫째는, 그가 자신과 그의 부모와의 연대를 끊고, 관례에 도전하고, 일상적이고 진부한 것들을 공격하고, 합리적이고 진보적인 것으로 나타나는 과학적이고 비감성적인 새로운 가치들을 주장함으로써, 아들이기 보다는 자기 생산적 인물로서의 성격을 보인다는 점이다. 투르게네프는 바자로프를 감상적 인물로 만드는 것을 거부했다고 말했다. 즉 바자로프는 거칠고, 매정하고, 무자비할 정도로 냉담하고, 퉁명스러운 것으로 의미되었다. 바자로프는 키르사노프Kirsanov 가족을 조롱하였다. 중년의 아버지가 슈베르트Schubert를 연주할 때, 바자로프는 크게 웃으며 그를 조롱했다. 바자로프는 독일의 유물론적 과학 이념들을 제의한다. 그에게 자연은 종교사원이 아니라 작업장이다. 바자로프가 안나 세르게이예브나Anna Sergeyevna와 사랑에 빠졌을 때, 그녀는 그에게 매혹되었지만 두려움 역시 가졌다. 그의 속박되지 않고, 종종 무정형적인 지성적 에너지가 그녀에게 혼돈을 주었기 때문이다. 그녀는 어떤 점에서는 그와 함께 있는 것이 혼돈의 끝에서 비틀거리는 것과 같다고 말한다.

그 소설novel의 아름다움과 정서적 느낌은 투르게네프가 당시의 러시아와 바자로프라는 인물적 특성간의 부조화성을 잘 제시하고 묘사하고 있기 때문이다. 바자로프는 가족들, 사랑스럽고 효성스러운 애정의 지속, 일을 행하는 옛날의 자연적 방식 등에 의해 지배되는 러시아와, 그리고 그와 동시에 그 소설 속의 모든 여타의 등장인물들과는 다른 인물로서 이야기하기에는 불가능한 듯한 삶의 이력을 지닌 바자로프의 허무주의적인 파괴력의 상반된 양 측면에서 이러한 부조화성을 묘사하고 있다. 바자로프는 등장하고, 도전하고, 역시 그는 똑같이 매우 급작스럽게 자신이 치료하던 병든 농부로부터 감염되어 죽는다. 우리가 바자로프에 대해 기억하는 것은, 그가 의문을 제기하고 철저하게 대항적인 지성에 있어서의 전혀 멈출 줄 모르는 힘이다. 그리고 비록 투르게네프가 바자로프를 자신의 가장 동정적인 등장인물로 믿었다고 주장했을지라도, 독자들이 매우 혼돈스럽고 걷잡을 수 없는 동요를 일으키는 반응에 의해서는 물론, 바자로프의 주의깊지 못한 지성적 힘에 의해서 바자로프는 신비화되기도 하고, 또 어느 정도는 그 신비화가 중단되기도 한다.

일부 독자는 바자로프를 젊음에 대한 공격이라고 생각했

다. 반면 다른 독자들은 그를 진정한 영웅으로 칭송했다. 그
러나 또 다른 독자들은 여전히 그를 위험하다고 생각했다.
우리가 바자로프를 한 인간으로서 어떻게 느끼든 간에 『아버
지와 아들』은 바자로프를 그 이야기 속의 한 등장인물로서
조화시키지 못한다. 그의 친구들, 키르사노프 가족, 그리고
심지어는 그의 가련한 노부모들까지도 그들의 삶을 계속해서
영위해 나가는 반면에, 한 지성인으로서 그의 단호함과 저항은
그를 이야기에 어울리지 않게 하고, 또 약간은 순화시키기에
도 적합하지 않게 함으로써 그를 이야기 밖으로 끌어낸다.

이는 조이스의 젊은 스티븐 디덜러스Stephen Dedalus의
경우에 더욱더 명백하게 드러난다. 스티븐 디덜러스의 인생
초기의 모든 경력은, 교회와 같은 기관의 감언들, 가르치는
직업, 아일랜드 민족주의라는 것들과 그러한 것과 반대되는
특성으로 그에게서 서서히 드러나는 사탄Luciferian[8]과 같
은 논 세르비암non serviam[9]을 인생의 좌우명으로 지닌 지

---

[8] 원래 그리스도교 추락천사(반역천사)의 이름으로 샛별이라는 뜻을 갖
   고 있으며, 루키페르, 루치페르라고도 한다. 이 호칭은 구약성서 〈이
   사야서〉 14장 12절에 의거한 것으로 초기의 '교부시대教父時代'부터
   사용되었다. 처음에는 모든 천사의 우두머리였으나 후에 신神과 적대
   하여 하늘에서 추방되었다고 한다.
[9] 원래 구약성서 예레미아 2장 20절에 나오는 라틴어이며, 영어로는 I
   will not serve로 번역된다. 사탄이 천국에서 떨어질 때 한 말로서 어느
   것도 섬기지 않을 것이라는 의미이다. 조이스의 『젊은 예술가의 초상』
   에서 주인공인 스티븐이 조국인 아일랜드를 향해 떠나면서 한 말로서,
   그가 자신의 삶과 예술세계에서 자신이 믿지 않는 것이라면 국가(그의

성인으로서의 완고한 자아自我 사이에서 시소 현상을 보이고 있다. 시머스 딘Seamus Deane은 조이스의 『젊은 예술가의 초상』에 대한 매우 훌륭한 관찰을 보이고 있다. 그는 그 소설이 사색에 대한 열정을 완벽하게 보여준 영어로 쓰여진 최초의 소설이라고 말한다.[14] 디킨스Dickens의 주인공들도, 새커리Thackeray도 오스틴Austen도, 하아디Hardy도, 그리고 심지어 조지 엘리어트Jeorge Eliot의 주인공들까지도 그들의 주요 관심사를 사회에서의 정신적 삶에 두었던 젊은 남녀들은 아니었다. 그러나 젊은 디덜러스에게 있어서는 '사색이 세계를 경험하는 양식'이었던 것이다. 디덜러스 이전에는 영국 소설 속에서 지성인의 소명들은 단지 '기이한 표현'에 불과했다는 딘Deane의 말이 옳다는 데에는 전혀 이론의 여지가 있을 수 없다. 그러나 다른 한 요인으로는 스티븐 디덜러스라는 인물이 젊은 시골 출신이고 식민지적 환경의 소산이기 때문에 그가 예술가가 되기에 앞서, 저항적인 지성적 의식을 발전시켰을 것이라는 점 역시 틀림없을 것이다.

그 소설 끝까지 디덜러스는, 그의 개체성과 종종 드러나는 불쾌한 성격을 약화시키는 효과를 지니는 이데올로기적 기제로부터 탄생했다는 사실 못지 않게, 비판적이고, 가족과 피

조국 아일랜드는 독립투쟁 중이었다)든 종교(그는 젊은 시절 신부가 될 것을 희망했었다)든 가정이든 어떤 것도 섬기지 않는 자유를 추구할 것이라는 의지를 밝히면서 한 말이다.

니언들Fenians[10]로부터 유리되어 있다. 조이스는 투르게네
프처럼 젊은 지성인과 인간의 삶의 계속적인 흐름 사이에 있
어서의 부조화성을 날카롭게 구현해내고 있다. 한 가족 속에
서 성장하여, 중고등학교와 대학으로 이동해 가는 의례적인
한 젊은이의 이야기로 시작한 것이, 스티븐의 노트에서 일련
의 생략적인 간단한 메모로 분해되고 있다. 지성인은 가정적
인 것이나 단조로운 관례에 적응되지 않는다. 스티븐은 조이
스 소설의 가장 훌륭한 연설 부분에서, 실질적으로 지성인의
자유에 대한 강령이 무엇인가를 표현하고 있다. 물론 스티븐
의 선언에서 멜로드라마식 과대 표현은 젊은 사람의 거만한
태도를 약화시키기 위해 조이스가 사용하는 방법이기는 하
다. 스티븐은 다음과 같이 말하고 있다.

'나는 내가 할 것과 하지 않을 것을 여러분에게 말할 것이
다. 나는 내가 더 이상 믿지 않는 것에 대해서는 그것이 나의
가정, 나의 조국 또는 나의 교회라하든 상관없이 그것에 봉
사하지 않을 것이다.[11] 그리고 나는 내 자신에게 사용이 허
용된 유일한 무기 - 침묵, 추방, 약삭빠름 - 들을 사용하면서,
내가 할 수 있는 한 가장 자유롭고 철저하게, 삶이나 예술의

---

10) 아일랜드의 독립을 목적으로 주로 재미 아일랜드 사람으로 이루어진
　　비밀결사의 회원들.
11) I will not serve로 앞의 역주 8)에 해당되는 말이다.

양식에서 내 자신을 표현할 것이다.'

그러나 율리시즈에서는 스티븐을 완고하고 반대를 일삼는 젊은이 그 이상으로 볼 수 없게 된다. 스티븐의 신조에서 가장 충격적인 것은 지성적 자유에 대한 그의 단언이다. 이는 지성인의 역할수행에 있어서 주된 문제라 할 수 있다. 왜냐하면 단지 심술궂고 철저하게 흥을 깨뜨리는 존재가 되는 것만으로는 지성인의 행동 목적을 전적으로 충족시킬 수 없는 것이기 때문이다. 그보다 지성인의 행동 목적은 인간의 자유와 지식을 발전시키는 데에 있다. 이 시대의 불란서 철학자 리오타르Lyotard가 전근대시대와 연관된 영웅적 야심이라고 불렀듯이, 비록 "해방과 계몽의 거대한 내러티브"가 포스트모더니즘 시대에 있어서 더 이상의 활력을 가질 수 없다고 공언하는 비난이 거듭되고 있음에도 불구하고, 나는 지성인의 사명이 인간의 자유와 지식을 발전시키는 것에 있다는 것은 여전히 변함없는 진실이라고 확신한다. 그러한 비난의 관점을 받아들이면 거대한 서술들grand narratives은 지역적 상황에 관한 것이나 언어 게임으로 대치되었다고 할 수 있다. 달리 말하면 포스트모던 시대의 지성인들은 이제 진실이나 자유와 같은 보편적 가치가 아니라, 재능을 더 소중하게 여기게 되어버린 것이다.

그러므로 나는 항상 리오타르와 그의 동료들의 비난이, 포스트모더니즘의 도래에도 불구하고 여전히 지성인들에게 남겨진 참으로 광대하게 나열된 기회들이 어떤 것인지를 면밀히 검토하기 보다는, 그들 스스로가 게으르고 무능하며, 아마도 지성인의 역할에 관심조차도 없음을 인정하고 있는 것에 지나지 않다고 생각했다. 실제로 정부는 여전히 명백하게 국민을 억압하고 있고, 정의의 엄청난 실패가 변함없이 발생하고 있고, 권력은 지성인의 흡수고용과 편입을 통해 여전히 지성인이 목소리를 효과적으로 침묵시키고 있으며, 지성인들이자신들의 소명으로부터 일탈하는 사례가 변함없이 매우 빈번하게 발생하고 있다.

플로베르는 그의 『감정교육』에서 어느 누구보다도 지성인들에게 더 큰 실망을 표현하고 있으며, 따라서 그들에 대해 더욱 혹독하게 비판하고 있다. 1848년에서 1851년까지의 파리 사람들의 소요를 놓고 보자. 이 기간은 영국의 훌륭한 역사가 루이스 나미에르Lewis Namier가 지성인의 혁명으로 묘사한 시기이다. 플로베르의 소설은 이러한 '19세기의 수도'에서의 자유분방하고 정치적인 삶에 대한 한편의 장대한 파노라마이다. 그리고 그 중심부에는 프레데릭 모로Frederic Moreau와 샤를르 데로리에Charles Deslauries라는 두 젊은 시골 사람이 서 있다. 젊은 한량들인 그들의 공로는, 지성인

으로서 한결같은 행동을 유지하지 못하는 그들의 무능력에
대한 플로베르의 분노를 표현하고 있는 점이다.

플로베르가 그들에게 퍼부은 비난의 많은 부분은, 아마도
그들이 지성인으로서 반드시 했어야만 하는 것에 대한 과잉
기대로부터 비롯된 듯하다. 그 결과는 지성인의 표리부동함
에 대한 가장 빛나는 재현이 되었다. 두 젊은이는 잠재적인
법학자, 비평가, 역사가, 에세이스트, 철학자, 그리고 그들의
목적인 공공복지에 관한 사회이론가로서 출발한다. 그러나
모로는 '지성인으로서의 야심을 지니고…시들었다. 수년이
경과하자 그는 자신의 정신적 게으름과 심장의 무딤을 참아
낸다'는 것으로 끝을 맺는다. 데로리에는 '알제리 식민화의
감독자가 되었고, 지방장관의 비서, 신문사의 관리자, 광고
대행자가 되었다. 현재 그는 한 제조회사의 사무변호사로 고
용되었다'라는 과정을 겪는다.

1848년의 실패는 플로베르에게는 그 자신 세대의 실패였
다. 예언적으로, 모로와 데로리에의 운명은 자신들의 의지를
결여한 결과로서 묘사된다. 그리고 그들의 운명은 현대사회
의 무한한 혼란, 쾌락의 소용돌이, 그리고 무엇보다도 저널
리즘, 광고, 인스턴트식 명성의 대두와 끊임없는 순환성을
보이는 현대사회에 의해 강요된 희생자로 묘사되고 있다. 현
대사회에서 모든 이념들은 시장화되고, 모든 가치들은 변형

되고, 모든 직업들은 손쉬운 돈벌이와 빠른 성공을 추구하는 것으로 귀결되었다. 그렇기 때문에 그 소설의 주요 장면들은 경마, 카페와 매춘굴에서의 댄스, 폭동, 행진, 퍼레이드, 공공 모임 등을 중심으로 상징적으로 조직화 된다. 그러한 곳에서 모로는 부단히 사랑과 지적 성취를 얻고자 하지만, 그러나 그러한 행동으로부터 끊임없이 빗나간다.

바자로프, 디덜러스, 모로는 물론 극단적인 인물들이지만, 그들은 19세기의 파노라마적인 사실주의적 소설들만이 유일하게 잘 해낼 수 있는 소설의 목적에 확실히 기여한다. 달리 말하면, 그러한 극단적 인물들은 사용 안내서를 통해 단 한 번만 배우면 되는 고정된 일이 아니라, 현대생활 그 자체에 의해 끊임없이 위협받는 하나의 구체적 경험으로서, 그들의 소명을 지키거나 배반하게 하는 수많은 어려움들과 유혹들로부터 시달리고 있는 행동하는 지성인들을 우리에게 잘 보여주고 있다.

사회현상에 대한 자신의 주의주장이나 이념을 표명하는 지성인의 재현행위들이란, 기본적으로 자아를 강화하고 지위를 고양시키는 것을 의미하지 않는다. 또한 그러한 지성인의 재현 행위들은 근원적으로 강력한 관료들과 너그러운 고용주들 속에서 봉사하기 위한 것으로 의도되지도 않는다. 지성인의 재현들은 합리적 조사와 도덕적 판단에 회의를 품고, 또 그러한 것을 실행하고, 변함없이 헌신하는 것과 같은 일종의 의식에 의존하는 행동 그 자체이다. 이러한 행동은 개인을 공식적으로 기록에 남기고 공공연하게 노출시키는 것이다. 언어를 잘 사용하는 방법을 아는 것과 언어를 구사해야 할 시기를 아는 것이야말로, 지성인의 행동을 위한 두 가지 필수적 특징이다.

그러나 오늘날의 지성인은 무엇을 재현하는가? 이러한 질문에 대한 가장 훌륭하고 가장 정직한 답의 하나가 미국의 사회학자 라이트 밀즈C. Wright Mills에 의해 제시되었다고 생각한다. 밀즈는 직설적이고 감동적인 산문을 통해 그의 이념을 전달하는 훌륭한 능력과 열정적인 사회적 비전을 지닌 대단히 독립적인independent 지성인이었다. 그는 1944년에, 독립적 지성인들이 그들의 주변성에서 기인되는 무력함으로 인해 일종의 낙망스러운 느낌에 직면하든지, 아니면 중요한 결정을 직접적으로 무책임하게 내리는 상대적으로 소수인 내부자 집단의 구성원이 되는 것을 의미하는 기관, 회사 또는 정부의 반열에 합류해야 하는 양자택일의 기로에 직면해 있다는 글을 썼다. 독립적 지성인들이 현대 정보 산업의 '고용된' 행위자가 되는 것은 이러한 두 가지 선택의 어느 것에 대한 해결책도 될 수 없다. 왜냐하면 톰 페인Tom Paine[12])과

---

12) Tom Paine(1737~1809)은 잉글랜드 태생의 미국작가로 정치적 문제

그의 청중들audiences의 관계와 같은 것들을 성취한다는 것
은, 오늘의 현대사회에서는 앞에서 말한 이유들로 인해 불가
능하기 때문이다. 요컨대 오늘날 독립적 사상가들은 하나의
주된 과업에만 묶이게 됨으로써, '지성인'의 유통화폐라고 할
수 있는 효과적 의사전달의 수단들을 박탈당하고 있다.

　밀은 이를 다음과 같이 말하고 있다.

　독립적인 예술가와 지성인은 진정한 생명력을 지닌 것들이
진부해지고 그 결과로 소멸되는 것에 대해서, 저항할 수 있
고 투쟁할 수 있는 능력을 부여받은 거의 얼마 남아 있지 않
은 인물들 가운데 하나이다. 이제 신선한 지각이란 현대의
의사전달 수단들 [즉 현대적 재현의 제도들]을 통해 우리를
휩쓸고 있는 진부한 비전과 지성을 끊임없이 발가벗기고 깨
뜨리는 능력을 포함하게 되었다. 대중예술과 대중사상의 세
계들은 날로 정치의 요구에 맞추어지고 있다. 이는 바로 정
치의 영역에 지성인의 결속과 노력이 집중되어야만 하는 이
유인 것이다. 만일 사상가가 정치적 투쟁에 있어서의 진실된

를 다룬 소책자 『상식』, 『위기』를 통해 미국 독립운동에 중요한 영향을
끼쳤다. 역사상 위대한 정치선동가로서 명성을 얻게 된 중요한 책으로
서 프랑스 혁명과 공화주의 원칙을 옹호한 『인간의 권리』와 사회 속에
종교의 위상을 해설한 『이성의 시대』가 있다. 그는 프랑스 군주제 철폐
에 환호를 보냈으나 루이 16세의 처형에는 반대하면서 유형을 주장했
지만 실패했다.

가치와 자기자신을 연계시키지 못한다면, 그는 모든 삶의 경험에 책임있게 대처할 수 없을 것이다.[15]

  이 귀절은 읽고 또 읽을 충분한 가치를 지닌 것으로, 중요한 길잡이이자 강조점으로 완벽한 것이다. 정치는 모든 곳에 존재한다. 그러므로 순수한 예술과 사상의 영역으로 도피할 어떤 길도 없으며, 또한 그 점에서 본다면 이해관계가 없는 객관성이나 초월적 이론의 영역으로 도피할 길도 전혀 없다. 지성인들은 정보나 미디어 산업을 통해 구현되는 재현의 대중정치를 따라서 떼지어 몰려있는 그들 시대의 산물이다. 지성인이 이러한 대중정치의 재현에 대해 저항할 수 있는 것은 오직, 날로 강력해지는 대중매체에 의해 유포되고 있는 권력에 대한 이미지, 공식적 화법, 관료적 정당화-이는 미디어뿐만 아니라, 모든 것을 현존하는 것에 대한 수용가능하고 용인된 시각 범주내로 제한함으로써 현상태를 유지하고자 하는 모든 사상의 조류들 또한 포함한다-를 논박함으로써만이 가능하다. 밀즈는 이와 같이 지성인이 자신의 능력이 닿는 한 최선을 다해 진실을 말하려는 것을, 폭로unmasking 또는 대안적 해석들이라고 부르고 있다.

  이는 절대로 쉬운 일이 아니다. 지성인은 항상 고립과 합류의 기로에 서 있다. 얼마전 이라크와의 걸프전 기간 동안 미

국이 순수하거나 공평무사한 권력이 아니라는 사실과(베트남
과 파나마에 대한 미국의 침공 사실은 정책결정자에 의해 편
리하게 잊혀져 버렸다), 미국이 세계의 경찰이라는 것 이외
의 사실들이 어느 누구에 의해서도 지적되지 못하고 있다는
점을 시민들에게 일깨워주는 것이 얼마나 어려운 일이었는
가. 나는 당시 지성인의 과업은 망각하고 있는 것을 들추어
내고, 부정되고 있는 것을 연계시키고, 전쟁과 그에 수반되
는 인간 파괴의 목적을 피할 수 있는 대안적 행동과정을 언급
하는 것이었다고 믿는다.

　라이트 밀즈의 주요 요점은 대중과 개인 사이의 대립에 있
다. 즉 정부에서부터 사기업에 이르는 거대 조직들의 권력
과, 그와 대조되는 종속적 지위, 소수 분파, 소규모의 국민과
국가, 열등한 문화와 인종이 지니는 속성으로 고려되는 것으
로써 개인이 아닌 인간 본연에서 기인되는 상대적 취약성 사
이에 원천적으로 차이가 존재하는 것이다. 지성인은 약하고
대변되지 못하는 자의 편에 속해야 한다는 나의 생각에는 전
혀 의문의 여지가 없다. 아마도 어떤 사람은 로빈후드를 말
할 수도 있을 것이다. 그러나 그것이 그렇게 간단한 역할은
아니며, 또한 그렇기 때문에 그것을 너무 큰 낭만적 이상주
의로 쉽게 포기해서도 안되는 것이기도 하다. 본질적으로 지
성인은 내가 갖는 단어적인 의미에서 보면 중재인이나 동의

형성자가 아니라, 자신의 모든 존재가 비판적 감각에 달려 있는 자를 말한다. 이러한 비판적 감각이란 손쉬운 방법, 기성의 상투적 문구, 매끈한 유창함, 그리고 권력자나 인습이 말하고 행동하는 것에 대한 흔쾌한 순응 등을 받아들이는 것을 달가워하지 않는 것이다. 그것은 또한 수동적으로 달가워하지 않는 것이 아니라, 능동적으로 공공연하게 기꺼이 그러한 것을 직접 말하는 것이다.

그러나 이것이 항상 정부정책에 비판적으로 되어야만 하는 문제는 아니다. 그보다 문제는 끊임없이 경계심을 유지하고, 절반의 진실이나 통념을 완전한 하나로 몰아가는 것을 허용하지 않으려는 영구적 의지의 상태를 유지하는 것으로써 지성인의 소명을 생각해야 한다는 점이다. 이러한 지성인의 소명에는 변함없는 사실주의, 강건하고 합리적인 에너지, 공공영역에서 출판하고 말하려는 요구에 있어서의 자기중심성 문제를 극복하고자 하는 복잡한 투쟁을 포함하고 있다. 그리고 이는 바로 지성인의 소명이 영구적인 노력을 요하고, 본질적으로 끝이 없고, 필연적으로 불완전한 것임을 의미하는 것이다. 그러나 비록 지성인의 소명이 어떤 지성인에게 특별히 대중적 인기를 부여하지 못한다고 해도, 적어도 나의 경우에는 오히려 그러한 복잡성과 활력성들로 인해 지성인의 소명에 더욱더 풍요로움을 갖게 된다.

2. 국가와 전통의 차단

쥘리앙 방다의 유명한 책, 『지성인의 배반』은 지성인이 국가 경계들national[1] boundaries이나 민족 정체성ethnic identity에 얽매이지 않는 일종의 보편적 공간에 존재한다는 인상을 주고 있다. 1927년 방다가 관심을 가졌던 지성인은 오직 유럽인들에게만 관련된 것임이 분명한 듯 하다(예수는 그가 긍정적으로 말한 유일한 비유럽인이다).

그러나 방다 이후 모든 것들이 엄청나게 변화했다. 첫째로는, 유럽과 서방은 이제 더 이상 세계 다른 지역들의 도전이 허용되지 않는 표준 설정자가 아니다. 2차 세계대전 이후 거대한 식민제국들의 해체는 지구의 암흑지역들로 불리웠던 곳들을 정치적으로 그리고 지성적으로 계발할 수 있는 유럽의

---

1) 문화의 공유 및 집단의 소속감정을 토대로 하나의 정치적 통제기구에 의해 통합된 통일성을 지닌 집단을 가리킨다. 이러한 nation은 영토와 통치기구를 구성요소로 하는 국가(state)의 요소 위에 국민으로서의 정체성identity을 지닌 공동체라는 넓은 의미에서의 국가라고 할 수 있다.

능력을 감소시켰다. 냉전의 도래와 제3세계의 등장, 그리고 설령 법으로 규정되지는 않았다해도 유엔의 존재에 의해 함축되는 전세계적 해방은, 비유럽 국가들과 그들의 전통 역시 이제는 진지한 관심을 가져야 할 가치가 있는 것처럼 보이게 만들었다.

두번째로 교통과 통신의 믿을 수 없을 정도의 급속한 발달은 '차이'와 '상이함'이라고 불리웠던 것들에 대해 새롭게 인식하도록 했다. 이는 간단히 말해서 만일 당신이 지성인에 대해 말하고자 한다면 이전과 같이 일반적인 방식으로는 전혀 말할 수 없음을 의미하는 것이다. 그 이유는 예를 들면 프랑스 지성인들이 미국의 지성인과는 형식과 역사에서 극도의 차이가 있는 것으로 보여지기 때문이다. 달리 말하면 오늘날 지성인에 대해 이야기 하려는 경우 주제마다 국가적, 종교적, 심지어는 대륙간의 변이성들을 구체적으로 말해야 한다. 그것은 각 요소마다 각기 다른 사고를 필요로 하기 때문이다. 예컨대 아프리카나 아랍의 지성인들은 각각 그 나름의 문제, 병리현상, 업적, 그리고 고유성을 지닌 매우 특유한 역사적 맥락 속에 놓여 있는 것이다.

어느 정도 지성인을 보는 방법에 있어서 그 초점을 좁히고 범주를 제한하는 것이 필요하다. 이 역시 전문화된 연구들이 믿기지 않을 정도로 급증했기 때문이다. 더욱이 이러한 지성인에 관한 연구들은 현대 생활에서의 지성인의 팽창하는 역할을 매우 바르게 추적하고 있다. 서방의 훌륭한 대학이나 연구도서관의 거의 모두에서 다양한 국가들의 지성인에 관한 수천의 목록을 찾아볼 수 있으며, 그 각각의 집단들을 전부 보는 데에는 수년이 걸릴 것이다. 또한 여기에는 역시 지성인에 관한 수많은 다른 차이점을 지닌 언어들이 존재한다. 특히 아랍어와 중국어와 같은 일부는 현대의 지성적 담론들과, 대체로 오래된 풍부한 전통들 간의 매우 특별한 연계성을 나타내고 있다. 그러므로 여기에서 어떤 서방 역사가가 또 다른 지역의 상이한 전통의 지성인을 이해하려는 진지한 시도를 한다면, 그들의 언어를 배우는데에만 수년의 시간을 쏟아부어야 할 것이다. 그러나 이 모든 차이와 지성인을 의미하는 보편적 개념의 불가피한 침식에도 불구하고, 개별적 individual 지성인에 대한 일반적 관념 – 이는 여기에서 나의 관심사항이다 – 은 엄격한 지역적인 적용 이상으로 더욱 많은 것을 함의하고 있는 것으로 보인다.

　이러한 것들 가운데 내가 논하고자 하는 첫번째는 국가성 nationality[2])과, 이 국가성으로부터 온실 성장을 하는 국가주의nationalism[3])에 대한 것이다. 현대의 어떤 지성인도 에

스페란토어Esperanto, 즉 전세계에 속하거나, 또는 특정 국
가와 문화와 전혀 관련없이 인위적으로 만들어진 언어로 글
을 쓰는 경우는 있을 수가 없다-이는 이름이 유명하지 않은
개인들은 물론 노암 촘스키와 버트랜드 러셀과 같은 주요 인
물에게도 해당되는 사실이다. 모든 지성인 개개인은 한 언어
안에서 태어나고, 또 그 대부분은 그 언어 속에서 자신의 여
생을 보낸다. 그러므로 언어는 지성적 활동의 중심적인 매개
체가 된다. 비록 지성인들이 편리함과 친숙함이라는 명백한
이유에서는 물론, 특별한 음성, 특정한 억양, 그리고 지성인
자신들의 시각으로 언어에 영향을 미치기를 원함으로써, 지
성인들이 어쩔 수 없이 하나의 국어를 사용하게 된다는 것이
여기에서 내가 강조하는 요점의 하나라고 할지라도, 그러한
것을 떠나서 언어는 언제나 국가적-즉, 그리스어, 프랑스
어, 아랍어, 영어, 독일어 등-인 것이다.

그러나 지성인에게 부여된 특별한 문제는, 표현 습관들에
의해 지배되고 있는 각 사회에는 이미 하나의 언어공동체가
존재하고 있고, 이 언어공동체의 주요 기능의 하나가 현상을

근대 국민국가를 형성한 이데올로기로서의 역할을 한 근대화 사회의
고유한 운동양식이다. 이러한 내쇼날리즘은 긍정적인 민족주의적 측면
과 함께 쇼비니즘적인 맹목적 애국주의, 국수주의 또는 국가주의로도
쓰인다. 이 책에서는 후자의 의미로 사용되고 있으며, 여기에서는 보편
적이고 세계적이 아닌 자국중심주의라는 의미에서 국가주의로 옮기고
자 한다.

2. 국가와 전통의 차단 67

유지하고, 모든 것들이 평온하고, 변화하지 않고, 도전받지 않는다는 것을 확인한 것이다. 조지 오웰George Orwell은 그의 논문 『정치와 영어Polictics and the English Language』에서 이 문제에 대해 매우 설득력 있게 말하고 있다.

그는 진부한 상투어, 낡은 비유, 나태한 글쓰기는 '언어 부패'의 사례들이라고 말한다. 이러한 언어 부패는 슈퍼마켓의 배경음악 효과를 지닌 언어가 의식을 씻어 내버리고, 검증되지 않은 아이디어와 감각들을 수동적으로 수용하도록 의식을 유혹하는 가운데, 정신이 마비되고 무력하게 되는 결과를 낳는다.

1946년에 쓰여진 그 글에서 오웰의 관심은 영국인의 정신이 정치적 선동가들로부터 점진적으로 침식당하고 있다는 데에 있었다. 그는 '정치적 언어 – 여기에는 약간의 변형이 있기는 하지만 보수주의자로부터 무정부주의자에 이르기까지 모든 정치적 분파에 해당된다 – 가 거짓말들을 건전한 진실인 것처럼 만들고, 살인자를 존경할 수 있는 것으로 만들고, 순전히 바람에 지나지 않는 것을 고체처럼 보이도록 고안되었다'고 말한다.[16]

그러나 문제는, 오늘날의 언어가 과거에 비해 더욱 일반적이고, 또 더욱더 집합적이고 결합적 형태의 경향을 갖는 측면을 단순히 검토하는 것만으로는 설명할 수 없을 정도로 광

범위하고 평범하다는 데에 있다. 이러한 적절한 사례로 저널
리즘을 다루어 보고자 한다. 미국에서는 신문의 영역과 권력
이 커질수록 그 소리가 더욱더 권위를 갖게될 뿐만 아니라,
신문이 전문직업적인 저자와 독자 집단보다도 더 큰 공동체
의 의미를 지니는 것으로 더욱더 밀접하게 동질화되고 있다.
타블로이드 신문과 뉴욕타임즈의 차이를 보면, 타임즈지는
논설에서 소수의 남성과 여성들의 여론 뿐만 아니라, 아마도
전 국가의, 그리고 국가를 위해 인지된 진실을 반영함으로써
국가적 신문이 되기를 갈망하고 있다. 반대로 타블로이드는
센세이셔날한 기사와 눈길을 끄는 활판인쇄를 통해 독자의
직접적 관심을 끌 수 있도록 고안되었다. 뉴욕 타임즈의 모
든 기사는 장기간의 연구와, 세심한 심사숙고, 사려깊은 판
단을 제시함으로써 진지한 권위를 얻고 있다.

  '우리we'와 '우리들을us'이라는 말의 논설상의 활용은 물론
편집자 그들 자신과 직접적으로 관련된 것이기는 하지만, 그
것은 동시에 '우리 미국의 국민'에서처럼 하나의 국가적인 집
단적 정체성을 보여주는 것이기도 하다. 걸프전 동안 위기에
관한 공공토론, 특히 텔레비전은 말할 것도 없고 인쇄매체
저널들에서의 토론은 이러한 국가적인 '우리'의 존재를 단정
하고 있었다. 이러한 '우리'라는 말은 '우리는 언제 지상전을
시작할 예정인가', 또는 '우리는 얼마나 많은 사상자를 냈는

가'와 같은 표현방식을 통해 보도기자들, 군 인사, 평범한 시민들에 의해 한결같이 반복되었다.

저널리즘은 영어와 같은 국가적 언어라는 존재, 바로 그 안에 통상적으로 함축되어 있는 것, 즉 국가 공동체, 국가 정체성, 또는 국가 그 자체를 오직 명료화하고 고정시킬 뿐이다.

매슈 아놀드Matthew Anold는 그의 저술 『교양과 무질서 Culture and Anarchy』에서 국가State는 '국민의 최고의 자아'이며, 과거부터 말해오고 생각되어온 가장 최상의 것에 대한 표현인 국가문화라고까지 말했다. 그러나 아놀드의 말은 자명성은 고사하고라도, 그가 말한 이러한 최상의 자아들과 최상의 사상들은 '교양인들'이 표명하고 재현한 것으로 추정되고 있다. 그는 최상의 사상 - 교양 그 자체 - 을 재현하고, 그것을 확산시킬 수 있는 적합한 사상과 판단의 능력을 소유한 개인들을, 내가 말한 지성인으로 생각했던 것 같다. 아놀드는 그러한 모든 것이 개별 계급이나 소집단 사람들의 이익을 위해서가 아니라, 전체 사회의 이익을 위해 발생된다는 점을 말하고 있음이 매우 명백하다. 여기에서 다시 지성인들의 역할은 현대 저널리즘과 국가공동체가 공통의 정체성을 더욱 많이 느끼도록 하고, 국가공동체에 대해 대단히 숭고한 느낌을 갖도록 돕는 것으로 가정되고 있다.

아놀드의 주장을 강조하는 것은, 더 많은 사람들이 하고 싶은 것을 하고 투표할 권리를 요구함으로써 사회가 더욱더 민주적으로 되고, 그에 따라 통치하기에 더욱더 까다롭고 어렵게 되는 것에 대한 두려움이다. 그러므로 지성인들이 국민들을 진정시키고, 또 국민들에게 그러한 최상의 이념들과 최상의 문학작품들이 국가 공동체에 소속하는 한 방법을 구성하고 있다는 것을 보여주는 것이다. 그리고 그러한 요구는 계속해서 아놀드가 말한 '하고 싶은 대로 행동하는 것'을 금하는 것이었다. 이는 1860년대 기간 동안에 해당되었다.

반면에 1920년대의 방다가 주시한 것은 지성인들이 아놀드의 처방을 너무 잘 따를 위험에 처해 있다는 점이었다. 당시 지성인들은 프랑스인들에게 프랑스의 학문과 문학이 얼마나 위대한지를 보여주는 가운데에, 시민들에게 국가 공동체에 소속되는 것이 본질적인 목적이며, 특히 그 공동체가 프랑스와 같이 위대한 국가라면 더 말할 나위가 없다는 점을 가르치고 있었다. 여기에서 방다는 지성인들이 그와 같은 집단 감정의 견지에서 사고하는 것을 멈추고, 그 대신 모든 국가와 국민들에게 보편적으로 적용될 수 있는 초월적 가치에 집중해야 함을 제시했다. 그러나 앞에서 말했듯이 방다는 이러한 가치들이 유럽인들의 것이지, 인도인이나 중국인들의 것이 아니라는 사실을 당연한 것으로 간주했다. 또한 그가 인정한 지성인들 역시 유럽의 남성들로 한정되었다.

하나의 공통 언어와, 그리고 함축되고 공유되는 특징, 편견, 굳어진 사고습관의 전체적 체계를 공유하고 있는 국가나, 또는 다른 종류의 공동체들(유럽, 아프리카, 서방 또는 아시아와 같은)에 의해서 설정된 경계선과 울타리로부터 벗어날 어떤 방법도 없는 것 같다. 이제 공공의 언술에서 '영국인들', '아랍인들', '미국인들', 또는 '아프리카인들' 등과 같은 귀절들보다 더 공통적인 것도 없으며, 그러한 각각의 귀절들은 전체의 문화뿐만 아니라 특별한 정신의 틀을 나타내고 있다.

오늘날 나의 관점에서 볼 때, 미국 또는 영국의 지성인들이 이슬람 세계 – 그 안에는 모두 10억의 인구가 수십의 다른 사회를 구성하고 있으며, 아랍어, 터키어, 이란어를 포함하는 6개의 주요 언어를 사용하고 있고, 지구의 약 1/3에 걸쳐서 분포되어 있다 – 를 다루는 데에 있어서, 소위 '이슬람'이라고 불리는 것들을 환원론적이고 무책임하게 말하는 경우가 너무 빈번하다는 것을 지적하지 않을 수 없다. 그들은 이러한 단일의 단어를 사용함으로써, 1천5백년에 이르는 회교도 역사의 거대한 일반화가 이루어 질 수 있고, 이슬람과 민주주의, 이슬람과 인권, 이슬람과 진보 사이의 양립 가능성에 대한 판단이 매우 태연하게 내려질 수 있는 것처럼 이슬람을 그저 단순한 대상으로 간주하고 있는 것이다.[17]

만일 이러한 논의들이 단지 조지 엘리어트의 캐소본 씨Mr Casaubon 같이 모든 신화神話에 대한 하나의 열쇠를 찾는 개별 학자들에 대한 학문적 혹평에 불과한 것으로 본다면, 누구나 그러한 것들을 대단히 신비스러운 혼란 상태로 치부해버릴 수 있을 것이다. 그러나 그러한 토론들이 미국이 지배하는 서방동맹에 의해 냉전 이후의 맥락 속에서 행해지고 있으며, 그러한 토론에는 이슬람의 부활 또는 이슬람 근본주의가 공산주의를 대체하는 새로운 위협이 되고 있다는 하나의 합의가 형성되고 있다. 이러한 집단적 사고는 지성인들을 내가 묘사했던 의문을 제기하고 회의를 품는 개별적인 정신을 지니고 있는 자로 만들지 못한다. 즉, 집단적 사고는 방법론적 근거에서는 말할 것도 없고, 합리적, 도덕적, 정치적 근거에서도 합의가 아닌, 의심을 재현하는 인물로 만들 수 없는 것이다. 반면에 집단적 사고는 정책관점과 집단적 사고를 더욱더 강화하면서 지성인들에게 유력한 정책관점을 흉내내는 똑같은 소리를 내도록 만들고, 지성인들에게 '우리'가 '그들'에 의하여 위협받고 있다는 더욱더 강한 비이성적인 느낌을 점점 더 갖도록 하는 것이다. 그 결과는 지식과 공동체가 아니라, 관용의 결여와 두려움이다.

그러나 슬프게도 이러한 집단의 공식들을 되풀이하는 것은 너무나도 쉽다. 그 이유는 당신이 주변에서 손쉽게 이용할

수 있는 것에 의탁하려는 경향으로 인해 그저 단순하게 한 국
가의 언어만을 전적으로 사용하기 때문이다(그것에 대한 어
떤 대안도 없다). 그것은 또한 저널리즘, 학문적 전문 직업,
간단한 지역정보 등을 포함한 수많은 매체들이 유포시키고
있는 '우리'와 '그들'이라는 평범한 귀절과 대중적 비유의 무
리 속에 당신을 개입시키고 있기 때문이다. 이 모든 것은 국
가적 정체성을 유지시키는 한 부분이다. 예컨대 러시아인이
오고 있다거나, 우리에 대한 일본의 경제적 침투가 자행되고
있다는 것이나, 또는 이슬람의 호전성이 자행되고 있음을 느
끼는 것은, 집단적인 비상경보소리를 경험하는 것이고, 더
나아가 포위되고 위기에 처한 '우리의' 정체성을 공고화하는
것이기도 하다. 이러한 것을 다루는 방법이야말로 오늘날의
지성인에게 있어서 중요한 문제인 것이다. 국가성이 지성인
개개인 — 지성인은 여기에서의 나의 목적에 대한 관심의 핵심
이다 — 을 연대성, 근원적 충성심, 또는 국가적 애국심이라는
대중적 분위기에 편승시킬 수 있는가? 아니면 지성인을 집단
적 조화에 반대하는 자로 만드는 어떤 더 좋은 사례가 있을
수 있는가?

　연대성이 비판에 우선한다는 것은 결코 틀린 답이 될 수 없
다. 그러므로 지성인은 언제나 약한자, 잘 대변받지 못하는
자, 잊혀지거나 무시되는 자의 편에서 서든지 아니면 더욱

힘있는 자들의 편에 서야 하는 선택의 기로에 있다. 국가적
인 언어들 그 자체는, 사용될 수 있도록 주위에 대기하면서
한켠에 서 있을 뿐 아니라, 또 적절히 이용되고 있다는 분명
한 사실을 상기할 필요가 있다. 예컨대 베트남 전쟁기간 동
안 '우리들을us'과 '우리들의our'라는 국가적 단어를 사용하
여 글을 쓴 미국의 한 칼럼니스트는 그것을 중립적인 대명사
로 이용했다. 또한 그는 그러한 단어들을 먼 거리에 있는 동
남아시아 국가의 범죄적 침입에, 아니면 더욱 어려운 대안이
라 할 수 있는 미국의 전쟁이 현명하지도 정의롭지도 못하다
는 외로운 반대의 목소리와 연계시켜 사용했다. 이러한 경우
는 반대를 위한 반대를 의미하지 않는다. 그대신 그것은 집
단적 판단과 행동을 향해 돌진하는 가운데 간과되거나 지나
쳐 버리기 쉬운 모든 것들에 의문을 제시하고, 구별해 내고,
기억을 되살리는 것을 의미한다. 집단이나 국가적 정체성에
대한 동의형성에 관련하여 볼 때, 지성인의 과업은 그러한
집단이 자연이나 신이 부여한 실체가 아니라, 구조화되고 만
들어지고, 심지어 어떤 경우는 이면에서의 투쟁과 정복의 역
사를 통한 창조물로 만들어지게 되는 과정을 보여주는 것이
라 할 수 있다. 이러한 과업은 때로는 지성인이 재현해야 할
중요한 과업이기도 하다. 미국에서는 노암 촘스키와 고어 비
달Gore Vidal이 이러한 과업을 실천하기 위해 부단히 노력

해 왔다.

내가 의미하는 것의 가장 훌륭한 사례의 또 하나는, 현대 여성주의 지성인의 절대적 교본인 버지니아 울프Virginia Woolf의 『자기만의 방A Room of One's Own』이라는 글에서 찾아볼 수 있다. 여성과 소설에 대해 강연을 제의받았을 때, 울프는 강연에 앞서 결론 – 만일 여성이 소설을 쓰려 한다면 돈과 하나의 방을 가져야만 한다 – 을 말하는 것으로 그치지 않고 그것을 실천으로 옮기기 위해서는, 그 명제를 합리적인 논점으로 만들어야만 한다는 것을 결정했다. 그녀는 이러한 논리에 의해 다음과 같이 묘사한 과정에 따르기로 한 것이다.

'사람은 자신이 갖고 있는 견해가 무엇이건 간에, 오직 그 견해를 갖게된 방법만을 보여줄 수 있을 뿐이다.' 울프는 성이 관련된 곳에서는 토론보다는 논쟁이 발생하기 때문에, 직접적으로 진실을 말하는 대안으로써 그녀의 논점을 드러낼 뿐이라고 말한다. 즉, 그녀는 '사람은 오직 자신의 청중들에게 말하는 사람의 한계, 편견, 그리고 특이성을 관찰하도록 함으로써 그들 자신의 결론을 도출할 수 있는 기회를 제공할 수 있을 뿐이다'라고 말한다. 이는 물론 전략적으로 무장해제를 하는 것이나, 여기에는 개인적 위험 역시 따르는 것이다.

이러한 취약성과 합리적 주장의 조화는 그녀에게, 있는 그대로의 말을 하는 교조적인 목소리로서가 아니라, 잊혀진 '약한 성'을 완벽하게 적절한 언어로 재현하는 한 지성인으로서, 그녀의 주제에 접근할 수 있는 길을 완벽하게 열어주고 있다. 이렇게 볼 때 『자기만의 방』이라는 글에서 울프는 그녀가 가부장제 사회라고 부르고 있는 것의 언어와 권력으로부터, 복종적이며, 그러나 통상적으로 그렇게 생각되기보다는 오히려 감추어져 있는 여성의 거처에 대한 새로운 감성을 분리해 내는 효과를 낳았다. 그 결과 그녀는 자신의 원고를 숨긴 제인 오스틴Jane Austen에 대해서, 또는 샬로트 브론테Charlotte Bronte에 영향을 미쳤던 숨겨져 있는 분노에 대해서 훌륭하게 표현해 낼 수 있었고, 또한 남성이라는 지배적 가치와 여성이라는 부차적이고 억압적인 가치 간에 있어서 가장 인상적인 관계를 표현한 훌륭한 페이지를 남길 수 있었던 것이다.

울프가 여성이 글을 쓰기 위해 펜을 잡는 순간 남성의 가치들이 이미 얼마나 확고히 고착되어 있는가를 묘사할 때, 동시에 그녀는 지성인 개개인이 글을 쓰거나 말하기 시작하는 순간 갖게 되는 관계를 묘사하고 있는 것이다. 권력과 영향력의 구조가 있으며, 이미 형성된 가치들과 이념의 축적된 역사가 있고, 또한 지성인들에게 가장 중요하지만, 그들의 아래쪽에 놓여 있는 것들 - 울프가 토론한 여성 작가들처럼 자신들의 방을 부여받지 못한 사람들, 이념들, 가치들 - 이 있다. 발터 벤야민Walter Benjamin이 말했듯이 '오늘에도 부복해 있는 자들 위로 걸어가는 지배자의 개선 대열에 승리의 참여자로서 동참하는 누군가가 있다.' 이러한 보다 극적인 역사에 대한 비전은 그람시와도 일치한다. 그람시는 사회적 실재를 지배자와 그들이 지배하는 자들로 구분한다. 나는 지성인이 직면하게 되는 주요 선택이 지배자와 승리자의 안정과 동맹을 맺든지, 아니면 – 보다 어려운 길인 – 안정이라는 것을 승리자들이 편에서 그러한 행운을 얻지 못한 자들을 완전히 말살시켜버리겠다고 협박하는 비상사태로 간주함으로써, 잊혀진 목소리들과 사람들에 대해 기억할 뿐 아니라 복종 그 자체의 경험을 헤아려 보는 양자택일의 것이라고 생각한다. 벤야민이 말했듯이 '과거의 일을 역사적으로 명료하게 표명하는 것은, "있는 그대로의 과거"를 인식하는 것을 의미하지는 않는다…그보다 그것은 위험의 한 순간에 퍼뜩 떠오르는 어떤 기억(또는 어떤 영감)을 포착하는 것을 의미한다'고 말한다.[18]

현대 지성인에 대한 교범적 정의의 하나가 사회학자 에드워드 쉴즈Edward Shils에 의해 다음과 같이 제시되고 있다.

모든 사회에는…희생자에 대해 이상할 정도로 민감하고, 우주의 본질에 대하여 평범하지 않은 사색을 하고, 자신들의

사회를 지배하는 법칙에 대해 남다른 생각을 하는 사람들이
있다. 모든 사회에는 평범한 동료들과는 달리 더욱 많은 의
문을 품고, 일상생활의 직접적이고 구체적인 상황보다는 더
욱 일반적인 상징들과 자주 가까이하기를 갈망하고, 시간과
공간 모두에서 멀리 떨어져 있는 소수의 사람들이 있다. 이
러한 소수에게는 말과 글의 담론에서, 시적이거나 유연한 표
현들에서, 역사적 기억이나 저술에서, 의식儀式적 행동과 경
배 행위에 있어서 그들이 추구하는 것을 객관화하고자 하는
욕구가 있다. 직접적이고 구체적인 경험의 장막을 초월해서
꿰뚫어보고자 하는 이러한 내적 욕구야말로 모든 사회에서
지성인의 존재에 특징을 지워주는 것이다.[19]

이는 일부분 방다의 것을 다시 언급하는 것이며 – 그에게
지성인은 일종의 성직자적 소수이다 –, 또 다른 면에서는 일
반 사회학적 서술이라고도 할 수 있다. 쉴즈는 뒤에 가서 여
기에다음과 같이 지성인이 두 극단 선상에 서 있음을 덧붙이
고 있다. 즉 지성인들은 널리 유포되어 있는 규범에 반대하
는 존재이거나, 아니면 기본적으로 어떤 순응하는 방식을 통
해 '공공생활에 질서와 연속성'을 제공하는 존재인 것이다.
이들 두 가능성 중에서 나의 견해는 오늘날 지배적인 규범이
(국가에 의해 최상부로부터 명령을 받음으로써) 국가와 매우

친밀하게 연결되어 있다는 바로 그 이유 때문에, 오직 전자
(널리 유포되어 있는 규범을 논박하는 것)만이 진정한 현대
지성인의 역할이라고 본다. 오늘의 국가는 울프와 발터 벤야
민 모두가 말한 것과 같은 지성적 조사와 재검증 보다는, 언
제나 충성과 복종을 강요함으로써, 언제나 승리주의자이고,
언제나 권위의 입장에 있는 것이다.

　더욱이 오늘날 많은 문화에 있어서, 지성인은 주로 쉴즈가
말한 일반적 상징과 직접적으로 교류하기 보다는 의문을 제
기하고 있다. 그렇기 때문에 애국적 합의와 묵종으로부터 회
의와 논쟁으로의 이동이 이루어지고 있다. 커크패트릭 새일
Kirkpatrick Sale과 같은 미국의 지성인은 새로운 공화국의
수립에서 미국인 예외주의를 보장했었고 1992년에 다시 경
축되었던 무한한 기회와 철저한 발견의 전체적 언술이, 이제
는 용납할 수 없을 정도로 손상된 것으로 보았다. 왜냐하면
건국 초기에 있어서의 문제를 척결했던 약탈과 대량학살의
방법이 너무나도 그 대가가 컸기 때문이라는 것이다.[20]

　한때 신성한 것으로 간직되었던 전통과 가치들이, 이제는
가식적이고 인종적인 것에 토대를 두고 있는 것으로 드러나
고 있다. 그리고 미국의 많은 대학 캠퍼스에서 규범 – 모두에
게 그것은 때때로 백치같이 귀에 거슬리는 것이거나, 멍청한
자기만족과 같다 – 에 대한 토론은, 국가적 상징, 신성화된

전통들, 그리고 고상한 난공불락의 이념을 향한 훨씬 더 불
안정한 지성적 태도를 드러내고 있다. 신화적인 계속성과 안
정성을 지닌 엄청난 수의 기본적인 상징들을 소유하고 있는
이슬람인들이나 중국인들과 같은 문화들의 경우를 보면, 그
곳에서도 역시 알리 샤리아티Ali Shariati, 아도니스Adonis,
카말 아부 딥Kamal Abu Deep과 같은 지성인들과, 5·4운
동의 지성인들이, 기념비적인 고요함을 뒤흔들고, 전통의 냉
담함을 자극적으로 깨뜨리고 있다.[21]

　나는 이러한 전통에 대한 도전이 미국, 영국, 프랑스, 독일
과같은 나라에서는 틀림없는 사실이라고 생각한다. 이들 나
라에서는 최근 국가적 정체성의 부족이 공개적으로 검증받고
있다. 이러한 검증은 지성인에 의해서가 아니라 급박한 인구
학적 실체에 의해서 비롯되고 있다. 이제 유럽에는, 1800년
과 1950년 사이의 기간에 구축된 '프랑스' '독일' '영국'의 이
념들에 의해 단순히 배척되었던 이전의 식민지 영토들에서
유입된 새로운 이주민 공동체들이 있다. 게다가 이러한 모든
나라들에서는 여성주의와 동성연애 운동들이 새로이 활력을
얻으면서 역시 지금까지 사회를 규제해오고 있는 가부장제적
이고 근본적으로 남성중심적인 규범과 논쟁을 벌이고 있다.
미국에는 꾸준히 증가하고 있는 토착민−미공화국의 발전과
정에 자신들의 땅을 착취당하고, 자신들의 환경이 철저하게

파괴되거나 변형되어 버리고 잊혀진 인디언들 - 의 목소리와 함께, 최근에 도착되었지만 엄청난 수로 팽창하고 있는 이주민들이 두 세기동안 뉴잉글랜드의 청교도와 남부의 노예와 농장 소유주들로부터 유래된 전통에 도전하기 위해서, 여성과 아프리카계 미국인, 그리고 성적으로 열등한 자들의 목소리에다 그들의 증언을 추가시키고 있다. 이 모든 현상에 대한 미국의 반응은 전통과 애국주의, 그리고 댄 퀘일Dan Quayle 부통령이 말한 근원적 가치 또는 가족 가치에 대한 호소를 다시 부활시키는 방법으로 진행되었다. 그러나 전통, 애국주의, 가치 등의 모든 것들은, 에메 세제르Aime Cesaire 의 위대한 귀절 속에서 보듯이, 승리의 랑데뷰 장소를 원하는 자들에게[22] 살아 남아 있는 경험을 이제는 부정하거나 어떤 평가절하를 하지 않고서는, 더 이상 회복불가능한 어떤 과거와 연계되어 있는 것들이다.

심지어 제3세계의 수많은 나라들에서도, 국가주의적인 국가권력과, 내부에 갇혀있지만 국가에 의해 대변되지 못하거나 억압을 받음으로써 불이익을 당하고 있는 국민들 간의 시끄러운 반목이 있으며, 이는 지성인들에게 승리의 전진행렬에 저항할 수 있는 실질적인 기회를 제공해 주고 있다. 아랍 -이슬람의 세계에서는 여전히 더욱 복잡한 상황이 벌어지고 있다. 이집트와 튀니지 같은 나라들은 독립 이래 오랫동안 세속적인 국가주의 정당에 의해 지배를 받아 왔다. 그러나 그러한 국가주의 정당들은 이제 친목집단이나 파벌형태로 영락해버렸지만 여전히 피억압민, 도시빈민, 농토가 없는 시골 농민들로부터 통치권을 위임받고 있으며, 또 한편으로는 상당히 정의로운 말들을 하고 있는 이슬람 집단들에 의해서 급작스럽게 갈갈이 분열되고 있다는 양상을 보이고 있다. 그럼에도 그들 모두는 이슬람의 과거를 재건하거나 회복해야 한다는 것을 제외하고는 어떤 희망도 제시하지 않고 있다. 더욱이 많은 사람들이 그렇게 부여된 이념들을 위해 기꺼이 죽음을 무릅쓰고 싸우고 있는 것이다.

　그러나 이슬람은 끝내 다수만을 위한 종교가 되었다. 그러므로 나는 이슬람에 대한 광범위하게 분열된 해석은 물론 거의 모든 다른 견해와 차이점들을 균등화하는 가운데 단순히 '이슬람이 길이다' 라고 말하는 것은 지성인의 역할이 아니라고 믿는다. 이슬람은 결국 종교인 동시에 문화이며, 그러한 종교와 문화는 모두 복합적인 것으로 단선적인 것과는 지극히 거리가 먼 것이다. 그러나 이슬람이 절대다수 국민의 신념이자 정체성이 되고 있는 경우에는, 단순히 이슬람을 찬양하는 합창에 가담하는 것은 지성인의 책무가 아니다. 그보다 지성인의 소명은 첫째로, 그러한 합창의 소음 속으로 복잡하고 이단적인 본질을 강조하는 이슬람에 대한 해석을 끌

2. 국가와 전통의 차단 83

고 들어가는 것이다 – 시리아의 시인이자 지성인인 아도니스
Adonis는 지배자들의 이슬람은 무엇이며, 그에 반대하는 시
인들과 분파들의 이슬람은 무엇인가라고 묻고 있다. 그리고
둘째로는, 교조적이거나 유사 민중주의적 구호들이 아니라
진정한 인도적 배려와 정직한 재평가를 통해서, 비이슬람 소
수민, 여성의 권리, 현대성 등으로부터 제기되는 도전을 직
시 할 것을 이슬람 당국에 요구해야 하는 것이다.

　이슬람의 지성인에게 있어서 이러한 것의 핵심은, 그저 정
치적 야심을 지닌 '회교율법학자'나 카리스마적 선동정치가
가 되는 것을 소심하게 포기하는 것에 그치는 것이 아니라,
개인적인 해석인 이주티하드itihad[4]를 소생시키는 것에 있
는 것이다.

　그러나 지성인은 언제나 충성의 문제로 인해 공격당하고
무자비한 도전을 받게 된다. 예외 없이 우리들 모두는 어떤
종류의 국가, 종교, 또는 민족의 공동체에 속한다. 달리 말하
면 저항의 정도가 아무리 커도, 어느 누구도 가족, 공동체,
그리고 국적이라는 것에 개인을 묶고 있는 유기적 연결끈을
뛰어넘지 못한다. 위급한 상황의 공격을 받는 집단 – 오늘의
보스니아인이나 팔레스타인을 말한다고 할 수 있다 – 에게 있

[4) 아랍어로 이슬람 경전인 꾸란을 교조적으로 해석하는 것이 아니라, 개
　인의 주관에 의해 해석하는 것을 지칭하는 단어이다.

어서는, 당신의 국민이 정치적으로 또 때로는 물리적으로도 소멸될 위협에 직면해 있다는 느낌을 가질 때, 당신은 그 방어에 뛰어들고, 능력이 허용하는 한에서 국가의 적들에 대해 저항하거나 투쟁할 수 있는 모든 것을 할 수 있는 것이다. 이는 물론 방어적 국가주의이다.

그러나 프란츠 파농Frantz Fanon이 프랑스에 대항한 알제리의 해방전쟁이 고조된 기간 동안(1954 - 1962)의 상황을 분석한 것에서 볼 수 있듯이, 정당과 리더쉽에 구현된 반식민지주의적 국가주의에 찬성하는 합창을 따르는 것만으로는 지성인의 역할로 충분하지 못하다. 무엇보다도 아무리 전쟁이 한창인 와중이라 해도, 선택을 위한 분석에 요구되는 목적의 문제가 있다. 예컨대, 우리는 우리로부터 식민주의를 제거하기 위해 투쟁하고 있는가, 아니면 마지막 백인 경찰이 떠날 때 우리가 무엇을 해야할 것인가를 생각하고 있는 것인가?

파농에 따르면 토착 지성인의 목적은 단지 백인 경찰을 자신의 토착민 경찰로 대체하는 것이 될 수 없다. 오히려 그보다 지성인의 목적은 파농이 에메 세제르로부터 차용해서 말한 새로운 영혼들의 창조에 달려 있는 것이다. 달리 말하면 절대절명의 민족 비상사태 기간 동안에 공동체의 생존을 보장하기 위한 지성인의 행동이 이루 헤아릴 수 없는 가치가 있을지라도, 만일 그것으로 인해서 지성인의 비판적 감각이 마비되거나 지성인으로서의 의무를 소홀히 하게 되는 한에는, 집단의 생존을 위한 투쟁에 있어서 진정한 충성심이 발로될 수 없는 것이다. 진정한 충성심이란 항상 생존의 문제를 초월해서, 정치적 해방의 문제를 제기하고, 지도력을 비판하고, 목전의 주요 전투와 무관한 것으로 간주됨으로써 대개는 주변으로 밀려나 있거나 한쪽으로 제껴져 있는 대안을 제시하는 것으로 나아가야 함을 말한다.

심지어 억압받는 자들 가운데에서도 승리자와 패배자는 역시 존재한다. 그러므로 지성인의 충성심은 집단 행진에 참여하는 것에 한정되서는 절대로 안 된다. 인도의 타고르Tagore나 쿠바의 호세 마르티Jose Marti 같은 위대한 지성인들은 이러한 관점의 본보기가 되는 인물들이다. 그들은 자신들이 국가주의자로 남아있었다고 해도, 결코 그러한 국가주의 때문에 그들의 비판을 누그러뜨린 적이 없었다.

현대 일본 이상으로 집단의 명령과 지성적 조율 문제사이의 상호작용이 너무나 비극적인 문제와 짜증나는 일이 되고 있는 나라는 없다. 제왕을 다시 등장시킨 1868년의 메이지 유신은 봉건주의의 폐지에 따라 발생했으며, 그 이후 새로운 복합적 이데올로기를 형성하는 계획적 과정이 시작되었다. 이는 종국에는 1945년 일본 제국의 패망 시기에 정점에 달했던 파시스트 군국주의와 민족적 파멸이라는 재앙스러운 결과를 초래했다. 역사가 캐롤 글룩Carol Gluck이 주장하듯이 '천황제 이데올로기tennosei ideorogii'는 메이지 기간 동안의 지성인에 의한 창조물이었다. 이러한 천황 이데올로기는 처음에는 국가적 방어, 심지어는 열등감으로부터 발아되었던 것이, 1915년에는 극단적 군국주의, 천황 숭배, 그리고 개인을 국가에 종속시키는 일종의 토착민 우선주의nativism를 동시에 가능하게 하는 어엿한 하나의 국가주의가 되었다.[23] 한편 그것은 일본인이 무사도武士道 민족shido minzeku5)이라는 이념 아래서, 예컨대 1930년대의 계획적인 중국인 대학살을 허용하는 정도로까지 다른 인종을 폄하했다.

현대 지성인의 역사 가운데 가장 치욕스러운 에피소드의 하나가 제2차대전 중에 발생했다. 그것은 다름 아닌 존 다우어John Dower의 서술에서 보듯이, 일본과 미국의 지성인들이 모욕적이고 종국에는 비열한 잣대를 갖고 국가적이고 인종적인 험담을 주고받는 싸움에 가담한 일이다.[24] 마사오 미요시Masao Miyoshi에 따르면 전후에 일본의 지성인들은 그들의 새로운 사명의 핵심을 천황(또는 협동) 이데올로기를 해체하는 것이 아니라, 서방과 경쟁하는 것을 의미하는 자유

---

5) 여기에서 shido는 일본어로 지도指導라는 의미와 무사도武士道라는 뜻을 모두 갖고 있다. 일단 무사도로 옮겼으나, 지도 민족 또는 보다 확대 해석하여 일등민족이라고도 생각해 볼 수 있을 것같다.

로운 개인주의적 주체성의 구축이라고 확신했다. 그러나 미요시는, 그러한 것은 통탄스럽게도 종국에 가서는 구매 행위가 개인적 존재의 확인과 재보장에만 기여하는 소비주의적인 공허의 운명을 맞게 될 것이라고 말한다. 그러나 저술가 마루야마 마사오Maruyama Masao[6])의 작품에서 볼 수 있듯이 미요시는 주관성의 문제에 부여된 전후 일본 지성인의 관심이 전쟁에 대한 책임의 문제들에 목소리를 내는 것 역시 포함하고 있었음을 우리에게 상기시키고 있다. 마루야마 마사오는 그의 작품에서 지성인의 '참회의 공동체'를 설득력있게 말하고 있다.[25]

암흑의 시기에 지성인은 거의 대부분 그의 또는 그녀의[6]) 국가 구성원들로부터 국가의 고통을 재현하고, 말하고, 입증해 줄 것이라는 기대를 받는다. 오스카 와일드Oscar Wilde가 그 자신을 설명하는 데에 사용하였듯이 저명한 지성인들은 언제나 그들의 시대와 상징적인 관계에 놓여 있다. 공적인 의식에 있어서 그들은 진행중인 투쟁, 또는 전투 태세를 갖춘 공동체를 대신해 동원화 될 수 있는 성취, 명성, 평판을 재현한다. 이를 달리 말하자면 저명한 지성인들은 매우 빈번하게 공동체 내부의 파당들이 지성인을 그릇된 편에 결합하

6) 이 책에서 저자는 여성주의적 입장에서 반드시 지성인을 그와 그녀로 분리해서 사용하고 있다.

도록 할 때(이러한 사례는 아일랜드에서 매우 공통적인 것이
며, 서방의 대도시 중심부들에서도 친공산주의자와 반공산
주의자 간의 공격이 교차하였던 수년의 냉전 기간 동안에도
공통적인 것이었다), 또는 다른 집단들이 그들을 공격에 동
원하려 할 때에는 그러한 공동체의 치욕에 정면으로 맞선다.
분명히 와일드는 중간 계급사회의 규범에 과감히 도전했던
모든 전위적avant garde 사상가들이 죄의식으로 고통을 겪
고 있음을 그 스스로 느꼈다. 우리의 시대에서는 그와 같은
사람으로 나치 대학살에서 소탕된 6백만 유태인의 고통을 상
징화한 엘리 비젤Elie Wisel과 같은 사람을 들 수 있을 것이
다.

　지성인의 절대적으로 중요한 과업으로 추가해야 할 것 가
운데 또 다른 하나는, 지성인이 자신의 국민들의 집단적 고
통을 재현하고, 그 고통의 극심함을 입증하고, 고통의 지속
적인 존재를 다시 확인하고, 고통에 대한 기억을 강화하는
것과 같은 의무가 있음에 틀림없다는 점이다. 그러한 의무는
내가 오직 지성인만이 충족할 수 있다고 믿는 것들이다.

　만쪼니Manzoni, 피카소Picasso, 또는 네루다Neruda와
같은 많은 소설가, 화가, 시인들이 심미적 작품 속에서 그들
국민의 역사적 경험을 구현하였으며, 그 결과 그 작품들이
위대한 걸작으로 인식되게 된 것은 바로 그러한 의무의 이행

을 입증해주는 좋은 사례들이다. 요컨대 나는 지성인의 과업은, 위기를 보편화하고, 특정 인종이나 민족이 겪는 고통에 더욱더 큰 인류적 시각을 부여하고, 또 그러한 경험을 다른 자들의 고통과 연계시키는 것이라고 믿는다.

한 국민이 박탈당하고, 억압받거나, 학살당하고, 또 그들의 권리와 정치적 존재가 부인되는 것을 단지 확인만 할 뿐, 만일 알제리 전쟁기간 동안 파농이 했듯이 이러한 공포들을 다른 국민의 유사한 고통과 결합시키는 것을 하지 않는다면, 단순히 그것만으로는 지성인의 역할이라고 하기에는 절대로 부적절한 것이다. 이러한 행위가 역사적 특수성의 상실을 의미하는 것은 절대로 아니며, 그 보다는 오히려 한 장소에서의 억압에 대해 학습된 교훈이, 또 다른 장소나 다른 시간에서는 망각되거나 훼손될 가능성으로부터 보호하는 것을 의미하는 것이다. 그리고 아마도 당신이 겪었고, 당신의 국민들도 역시 겪은 고통을, 당신이 재현해야 한다는 그 사실 때문에 당신이 이제는 당신의 국민들에 의해 희생된 자들과 관련된 당신 국민 자신들의 죄상들을 돌아보아야 한다는 사실을 당신 국민에게 제기해야 하는 의무로부터·벗어날 수 없는 것이다.

예컨대 남아프리카의 보어인들7)은 그들 자신을 영국 제국

---

7) 남아프리카의 네덜란드 이주민이다.

주의의 희생자로 보아왔다. 그러나 이러한 희생자라는 생각
은, 보어 전쟁동안, 영국인의 침략으로부터 살아남은 보어인
들이, 다니엘 프랑스와 말랑Daniel Francois Malan에 의해
재현된 하나의 공동체로서 인종차별적인 국민당 노선을 통해
설정된 역사적 경험 역시 옹호할 권리가 있다고 그들 스스로
느끼는 잘못된 것이었다. 이와 같이 지성인 자신들의 인종적
또는 민족적 공동체의 이름하에서 행해지는 악에 대해서, 지
성인들의 눈을 멀게 하는 변명과 독선의 양식에 빠져드는 것
보다 지성인에게 더 편리하고 대중적인 것은 사실상 없다고
할 수 있다. 이는 특히 비상시기와 위기의 기간 동안에는 반
드시 틀림없는 사실로 드러난다. 예컨대 포클랜드 전쟁이나
베트남 전쟁 기간 동안 깃발 아래 모였을 때, 전쟁의 정의에
대한 토론은 반역죄와 동등한 것으로서 해석되었다. 그러나
지성인은 자신의 행위가 그 어느 것보다도 자신을 더 이상 인
기없게 만들수 없을지라도, 그러한 종류의 군거성에 대항해
서 거리낌없이 말해야 하고, 자신의 개인적 손실은 무시해야
만 하는 것이다.

3. 지성인의 추방 :
국외추방자들과 주변인들

추방exile[1]은 가장 슬픈 운명의 하나다. 전근대 시대에는 추방이 특히 무시무시한 형벌이었다. 그것은 추방이 가족과 낯익은 곳으로부터 멀리 떨어져 아무 목적없이 수년간을 방황해야 하는 것을 의미할 뿐만 아니라, 결코 주위환경에 편안함을 느끼지 못하고, 언제나 낯설고, 과거에 대해서는 위로할 길이 없으며, 현재와 미래에 대해서는 처절한 지경이 되는 일종의 영원한 부랑자가 되는 것을 의미하기 때문이다. 추방의 이념과 사회적 도덕적으로 접근이 불가능한 존재인 나환자가 되는 것의 공포 사이에는 언제나 하나의 연관이 있다. 지난 20세기 동안에 추방은 특별한 개인에 대한 멋있고,

---

1) 이 용어는 일반적으로 망명으로 자주 옮겨지고 있지만, 본서에서는 본인의 의사에 반해 강제적으로 고국을 떠나게 된다는 의미를 강조하여 추방으로 옮긴다.

또 때로는 특정 계급만을 대상으로 한 형벌로부터 - 로마로부
터 흑해의 외딴 고장으로 추방된 위대한 라틴의 시인 오비드
Ovid와 같이 -, 전쟁, 기아, 질병 등과 같이 대체로 인간 외
적 요소에 의한 우연의 결과에서 기인되는 전체 공동체와 그
주민들과 관련된 잔인한 형벌로 전환되어 왔다. 이러한 범주
에 해당되는 국민들로 아르메니아인들Armenians[2]이 있다.
아르메니아인들은 재능은 있었으나 너무 빈번하게 삶의 거처
를 바꾸어야만 했던 국민들이다. 그들은 동부 지중해 전역에
걸쳐 대규모의 인구를 구성하고 살았지만, 터키인들의 대량
학살적인 공격을 받은 이후 베이루트, 알레포, 예루살렘과
카이로 부근으로 밀려들어갔고, 2차 세계대전 이후 혁명적
소요기간 동안에 다시 이동해야 했다. 나는 팔레스타인과 이
집트에서 나의 젊음의 시야를 차지했던 엄청난 추방자 공동
체나 국외추방자들에게 오랫동안 깊이 매료되었다. 물론 그
곳에는 많은 아르메니아인들뿐만 아니라, 과거 한때 레반트
지역[3]에 정착하여 그곳에서 생산적인 뿌리를 내렸던 유태
인, 이탈리아인, 그리스인들도 있었다 - 이러한 공동체는 에

---

2) 아르메니아는 코카서스 산맥 이남의 흑해와 카스피해 중간부 지방의
   국가로 지금은 소련, 터키, 이란에 의해 분할되었다.
3) 동방의 나라들, 그리스에서 이집트까지의 지중해 동부연안의 나라들,
   특히 시리아, 레바논, 이집트, 팔레스티나(지금의 이스라엘)를 가리킨
   다.

드먼드 자베스Edmond Jabes, 주세페 웅가레티Giuseppe Ungaretti, 콘스탄틴 카바피Constantine Cavafy와 같은 저명한 작가들을 배출했다.

이 러반트 지역은 1948년의 이스라엘의 수립과 1956년 수에즈 전쟁 이후 잔인하게 찢겨졌다. 이집트와 이라크, 그리고 여타 아랍세계 모든 곳의 새로운 국가주의 정부들은 전후 유럽제국주의의 새로운 침입으로 상징화되고 있는 외국인들에게 떠날 것을 강요했고, 이는 많은 추방자 공동체들에게는 특히 곤혹스러운 운명이 되었다. 이렇게 추방된 자들의 일부는 새로운 거주지에 순화되었으나, 대다수는 어떤 의미에서 보면 재추방된 것이다.

추방되는 것이 당신의 원래의 고장과 완전히 단절되고, 고립되고 절망적으로 분리되는 것이라는, 통속적이지만 사실상 전적으로 잘못된 가정이 있다. 왜냐하면 만일 그러한 완벽한 외과적 수술과 같은 분리가 있을 수만 있다면, 추방 이후에 당신은 어떤 의미에서 뒤에 남겨진 것들을 생각할 수 없고, 또 전혀 회복될 수도 없다는 것을 알게 됨으로써 최소한 자포자기하는 심정의 위안이라도 어떻든 가질 수 있기 때문이다.

대부분의 추방자들에게 있어서 어려움은 그저 집으로부터 강제로 멀리 떠나 살아야 된다는 사실에 있는 것은 아니다.

그보다 오늘의 세계를 놓고 볼 때 추방자의 어려움은, 당신
이 추방 상태에 있고, 당신의 집이 사실상 매우 멀리 떨어져
있는 것이 아니라, 일상적인 현 생활에서의 정상적인 왕래가
옛 거처와 끊임없이 이루어지기는 하지만, 그것이 감질나고
충족되지 못한 접촉에 지나지 않다고 생각케 하는 것들 속에
서 살고 있다는 데에 있다. 따라서 오늘날의 추방은 어떤 차
원에서 보면 반쯤은 소속되고 반쯤은 격리되고 향수와 감성
적인 것이 수반되고, 또 다른 차원에서는 능숙한 모방이나
비밀스러운 추방자가 됨으로써 새 거주지와 완전히 하나로
되는 것도 아니고 역시 옛 거처와 철저하게 떼어놓는 것도 아
닌 어정쩡한 상태에 놓여 있는 것으로 그 성격이 전환되었다.
이러한 추방된 지성인에게 절대적인 과제는 끊임없이 대비해
야 할 위협을 너무 편안하고 안전하게 만들 위험이 있을 지라
도, 생존에 능숙하게 되는 것이라 할 수 있다.

V. S. 네이폴Naipaul의 소설 『강의 굴곡A Bend in the
River』의 주인공인 살림Salim은 추방된 현대 지성인의 좋은
예이다. 인도 출신의 동 아프리카 회교도였던 그는 해안을
떠나서 아프리카 내륙을 향해 여행을 했다. 그는 아프리카
내륙의 모부토Mobuto의 자이레Zaire 위에 모델로 세워진
새 국가에서 위험한 상태로 생존했다. 네이폴의 소설가로서
의 특수한 촉각이 일종의 황무지인 '강의 굴곡부'에서의 살림

의 생활을 묘사할 수 있도록 했다. 그곳에는 용병들, 모리배들, 그리고 다른 제 3세계의 부랑자들과 표류자들은 물론 지성적인 유럽인 고문관들(식민지 시대의 이념적 전도사를 계승한 자들)이 온다. 살림은 그러한 환경에서 어찌할 수 없이 살아가야만 하는 가운데, 혼돈이 증폭되면서 점차적으로 그의 특성과 고결함을 상실해 가고 있었다. 그 소설의 종결 부분에 이르러서는-그리고 이것은 물론 네이폴이 논쟁하고 있는 이데올로기적 요점이다-, 토착민들까지도 그들 자신의 나라에서의 추방자들이 되며, 네이폴에 의해 모든 전후 정권의 상징으로 창조된 빅 맨Big Man이라는 지도자는 엄청난 변덕과 죽끓듯 한 변화를 부리고 있다.

2차 세계대전 이후 광범위한 영토 재조정은, 거대한 인구 통계학상의 이동을 낳았다. 예컨대 1947년 분리 독립된 이후 파키스탄으로 이주한 인도의 회교도들이나, 유럽과 아시아로부터 유입된 유태인을 수용하기 위해 이스라엘을 수립하는 동안 사방으로 뿔뿔이 흩어진 팔레스타인 사람들이 있다. 그리고 이후 이러한 전환은 혼합된 정치 형태들을 낳았다. 이스라엘의 정치 현실에는 국외로 이산된 유태인 기독교도의 정치 뿐만 아니라, 추방당한 팔레스타인 국민들과 뒤얽히고 경쟁하는 정치가 함께 존재하고 있다. 파키스탄과 이스라엘의 새로 건설된 나라들에 있어서의 최근 이주민들은 인구 교

체의 부분으로서 보였다. 그렇지만 정치적 측면에서 보면 그
들은 새로 건설된 국가에서 살게 된 다수의 구성원이 되었으
나 그 이전에는 억압받았던 소수로서 간주되었던 자들이다.
그러나 그러한 나라들에서 분파 문제는 전혀 해결되지 못하
고 있으며, 새로운 국가지위에 대한 분할과 분리주의적 이데
올로기가 다시 점화되었고 강열하게 그들을 불태우고 있다.
여기에서 나의 관심은 팔레스타인 사람, 유럽 대륙의 회교도
이주민들, 또는 영국에서의 서인도 제도인들과 아프리카 흑
인들과 같이 전혀 적응을 못하는 추방자들에게 더 많이 주어
진다. 그들의 존재는 그들이 살게 된 새로운 사회의 것으로
보이는 동질성과 복잡하게 얽혀 있는 것이다. 지성인들은 자
신을 뒤바뀐 국가 공동체에 영향을 미치는 더 큰 일반조건의
한 부분으로 생각하기 때문에, 그들은 문화변용과 적응보다
는 변덕과 불안의 근원으로 작용하는 것 같다.

   그러나 이러한 것이 결코 추방자가 경이로운 적응을 이루
어내지 못한다고 말하는 것은 아니다. 오늘날 미국은 최근의
대통령 보좌 부서에서 최고위의 두 명의 전직 행정관료를 갖
고 있는 이상한 입장에 놓여 있다. 그들은 헨리 킨시저Henry
Kissinger와 즈비그뉴 브레진스키Zbigniew Brezinski이다.
키신저는 나치 독일로부터, 브레진스키는 공산 폴란드로부
터 각각 추방된 지성인들이다. 더욱이 키신저는 유태인이다.

3. 지성인의 추방 97

그가 유태인이라는 점은 그를 회귀의 기본법칙에 따라서 이
스라엘로 이주할 잠재성 역시 지니고 있는 지극히 이상한 위
치에 놓게 된다. 그러나 키신저와 브레진스키는 모두 표면적
으는 최소한 그들을 수용한 나라를 위해 자신들의 재능을 완
전히 기여하고 있는 것으로 보인다. 결과적으로 그들은 수십
년 동안 정부에 봉직하면서 오늘의 유럽이나 미국에서 살고
있는 추방상태의 제3세계 지성인들의 주변적인 미천한 신분
과는 어마어마할 정도로 거리가 먼 명성, 물질적 보상, 그리
고 세계적까지는 아니라 해도 국내적인 영향력을 갖게 되었
다. 그리고 수십년간 정부에서 근무했던 두 지성인은, 이제
는 기업체와 다른 정부의 컨설턴트가 되었다.

　다른 추방자들－토마스 만Thomas Mann과 같은－에 의해
유럽의 2차 대전 현장들이, 서구의 운명과 서구의 영혼을 위
한 투쟁으로서 고려되었던 것을 상기한다면, 브레진스키와
키신저는 아마도 사람들이 생각한 것만큼 사회적으로 예외적
존재는 아닐 것이다. 이러한 '좋은 전쟁'에 있어서 미국은 구
세주의 역할을 했다. 미국은 또한 새로운 서방 통치권의 세
계중심도시를 향해 서방 파시즘을 탈출하는 모든 세대의 학
자, 예술가와 과학자들에게 은신처를 제공했다. 인문과학과
사회과학 같은 학문 분야에서는 대단히 저명한 학자들의 거
대한 집단이 미국으로 건너 왔다. 그들 가운데 일부는 위대

한 로망스어Romance 언어학자이자 비교문학자인 레오 스피처Leo Spitzer와 에리히 아우얼바하Erich Auerbach와 같이, 그들의 재능과 구 세계Old World에서의 경험을 바탕으로 미국의 대학들을 풍요롭게 만들었다.

그들 가운데 또 다른 일부는 에드워드 텔러Edward Teller와 베르너 폰 브라운Werner Von Braun과 같은 과학자처럼, 소련과의 무기와 우주경쟁에서 승리하는 데 헌신함으로써 새로운 미국인으로서 냉전의 대열에 합류했다. 최근 드러나듯이 사회과학분야에서 좋은 위치에 있는 미국 지성인들은, 전후 미국에서 성전의 일부로서 일하는 데에 있어 이러한 관심에 전적으로 몰두함으로써, 그들의 반공주의의 신임장으로 알려진 과거의 나치당원을 모집하는 데 종사했었다.

어떤 명백한 입장을 취하지 않지만, 그럼에도 불구하고 훌륭하게 살아남는 정치적 협잡의 더욱 음침한 기법들과 더불어, 지성인이 새롭거나 또는 부상하고 있는 지배권력에 조화하기 위해 어떤 노력을 하는가는 이 책의 다음 두 장에서 다루게 될 주제이다. 그러나 여기에서는 그 반대의 경우에 초점을 맞추고자 한다. 즉 주류세력의 밖에 남아, 적응하지 않고, 흡수고용에 응하지 않고, 저항을 선호함으로써 적응할 수 없었고, 아니 더 정확하게 말한다면 스스로 적응하려 하지 않는 지성인들에 대해 초점을 맞추고자 하는 것이다. 그

3. 지성인의 추방 99

러나 우선 몇 가지 예비적 요점을 지적할 필요가 있다.

그 첫째는 추방이 하나의 실질적 조건인 반면에, 그것은 동
시에 나의 목적에 있어서의 하나의 비유적 조건이기도 하다
는 점이다. 그러한 것으로부터 추방상태의 지성인에 대한 나
의 진단이 이 강좌를 시작했던 전위傳位와 이주에 대한 사회
적 정치적 역사로부터 도출되지만 그것에 한정되는 것은 아
니라는 점을 의미하고자 한다. 한 사회의 평생의 구성원인
지성인들까지도, 어떤 의미에서는 내부자들과 외부자들로
구분될 수 있다. 한편으로는 그야말로 전적으로 사회에 귀속
되고, 그 안에서 부조화와 불일치의 어떤 느낌도 갖지 않고
영화를 누리는 소위 예라고 말하는 자들yea-sayers이 있다.
그리고 다른 한편으로는 자신들의 사회와 불편한 관계에 있
고, 그렇기 때문에 특권, 권력, 영예에 관한한 외부인이자 추
방자들인 아니오라고 말하는 자들nay-sayers이 있다. 외부
인으로서 지성인의 과정을 설정하는 유형은, 본고장 사람들
이 살고 있는 허물없고 친숙한 세계의 밖에 있다고 느끼는 것
으로, 말하자면 화합과 국가적 안녕이라는 장식물을 회피하
고 심지어는 함정에 빠뜨리는 것을 혐오하는 경향을 보이는
결코 완전하게 적응된 적을 없는 상태인 추방의 조건에 의해
가장 잘 입증된다. 지성인에게 있어 이러한 형이상학적 의미
에서의 추방은, 불안하며, 이동적이며, 항상적으로 안주되지

도 못하고, 스스로 안주하지도 않는 타인이 되는 것을 의미
한다. 말하자면 추방자는 좀 더 앞 시기의, 아마도 고국에 있
는 것과 같은 더욱 안정적인 상태로 되돌아갈 수 없다. 그리
고 애석하게도 추방자는 결코 새로운 안식처나 상황에 완전
하게 도달할 수도 일치할 수도 없는 것이다.

둘째로-그리고 나는 내가 한 바로 이러한 관찰로 인해 내
자신이 약간 놀라게 되는 것을 발견한다-추방자로서 지성인
은, 불행이라는 이념에 행복해 하는 경향이 있고, 그 결과 소
화불량증에 가까운 불만족과, 일종의 심술맞은 불쾌함이야
말로 지성인에게 있어서 사고의 양식이 될 뿐 아니라, 비록
일시적일지라도 하나의 새로운 삶의 모습이 될 것이라는 점
이다. 아마도 성내어 고함치는 테르시테스Thersites[4]로서
지성인을 생각해 볼 수 있을 것이다. 내가 염두에 두고 있는
지성인의 위대한 역사적 원형은 18세기의 강력한 인물 조나
단 스위프트Jonathan Swift이다. 그는 1714년 토리당이 정
권을 양도한 이후, 영국에서의 영향력과 영예로부터 그의 몰
락을 끝까지 극복하지 못하고 아일랜드에서 추방자로의 여생
을 보냈다. 비통함과 분노에 관한한 거의 전설적인 인물-그
는 그 자신의 묘비명에 자신을 saeve indignatio[5]로 말하고

---

4) 호머와 일리야드에 등장하는 추악하고 입정 사나운 남자로서, 아킬레
    스와 오디세우스를 매도했기 때문에 아킬레스에게 피살되었다.
5) 조나단 스위프트는 성 패트릭 성당에 묻혔다. 그가 직접 쓴 라틴어로

있다-인 스위프트는 아일랜드에서 격정적인 분노에 사로잡혀 있었다. 그러나 그는 영국의 폭정에 대항한 아일랜드의 방어자였으며, 아일랜드의 우뚝 솟은 작품들인 『갈리버 여행기』와 『드레이퍼의 편지』를 쓴 사람으로서, 그는 그러한 생산적 분노로부터 혜택을 받았다고는 못해도 정신은 만개했음을 보여주고 있다.

수필가이자 여행작가인 V. S. 네이폴도, 그의 초기에 있어서는 어느 정도 현대의 추방된 지성인의 모습이었다. 그는 생애 초기에는 영국에서 이따금씩 거주했어도 항상 이동했고, 자신의 뿌리인 카리브해와 인도를 재방문하고, 식민주의와 그 이후의 폐허들을 거쳐 이동하고, 또 독립국들과 새로운 진리를 믿는 자들의 환상과 잔인성을 양심의 가책에 의해 판단하는 현대 지성인 추방자의 모습을 가졌었다.

네이폴보다 더 확실하고 더욱 결정적인 추방자로는 테오도르 비젠그룬트 아도르노Theodor Wisengrund Adorno가 있다. 그는 거북스럽지만 무한히 매력적인 인물이며, 내가 볼 때는 20세기 중반의 탁월한 지성적 의식을 지닌 인물이다.

된 묘비명에는 다음과 같이 적혀 있다. "신학박사이자 이 성당의 참사회장인 조나단 스위프트의 시신이 이곳에 묻혀 있다. 이제는 맹렬한 분노가 더이상 그의 마음을 상하게 할 수 없으리라. 나그네여 떠나시오. 그리고 가능하다면 전력을 다해 지고의 자유를 얻으려 한 이 사람을 본받으시오." saeve indignatio는 밑줄 그은 부분의 분노를 표현한 것에 해당되는 라틴어로 보인다.

그의 전 생애는 파시즘, 공산주의와 서방 대중 소비주의의
위험과 마주하면서 그것과 투쟁하는 것이었다. 과거 제3세계
의 자기 고장을 드나들며 배회하던 네이폴과 달리, 아도르노
는 완전한 유럽인으로서 철학, 음악(그는 베르크Berg와 쉔베
르크Schoenberg의 제자이자 예찬론자이다), 사회학, 문학,
역사와 문화분석에서 놀라운 전문적 재능을 지닌 가장 최상
의 고급 문화를 갖춘 사람이었다. 특히 유태인이라는 출신배
경으로 인해, 그는 나치가 권력을 장악한 이후 1930년대 중
반 잠시동안 고향 독일을 떠났다. 그 이후 그는 처음에는 옥
스포드로 가서 철학을 공부했다. 그곳은 그가 후설Husserl
에 관한 지극히 어려운 책을 썼던 곳이기도 하다. 그는 자신
이 쉬펭글러식Spenglerian6)의 우울함, 그리고 가장 훌륭한
헤겔적인 방법의 형이상학적 변증법에 빠져 있었을 지라도,
그곳에서 평범한 언어와 실증주의 철학자들에 의해 포위됨으
로써 비참함을 느꼈을 것으로 보인다. 그는 프랑크푸르트대
학 사회과학연구소의 일원으로 잠시 독일로 되돌아 왔으나
안전을 위해 마지못해 미국으로 도피해서, 처음에는 뉴욕에

---

6) Swald Spengeler(1880~1936)는 독일의 역사 철학자로서 이집트, 중
   국, 마야와 같은 주요 문화들이 탄생에서부터 성숙하고 부패하기까지
   동일한 주기적 발전 양식으로 진행한다는 논리를 전개했다. 그는 서구
   의 현대 문명 또한 그러한 발전양식을 밟고 있으며, 이러한 쇠퇴의 추
   이가 이미 19세기에 완성되었고 2,000년에는 그 주기가 끝남으로써 몰
   락할 것이라고 주장했다.

서 얼마 동안 거주하였고(1938~41), 그 후 남부캘리포니아에서 살았었다.

　비록 아도르노가 그의 옛 교수직을 되찾기 위하여 1949년 프랑크푸르트로 되돌아 왔으나, 수년 동안의 미국에서의 체류는 그에게 영원한 추방자의 낙인을 찍어주었다. 그는 재즈와 대중문화의 모든 것을 싫어했다. 그는 모든 현상에 대하여 어떤 호감도 갖지 못했다. 그는 그 나름의 지나친 학문주의적 형식을 고수했던 것 같다. 그는 마르크스-헤겔리안의 철학적 전통에서 성장했기 때문에, 미국 영화, 산업, 일상생활의 습관, 사실에 근거한 학습, 실용주의의 전 세계적 영향에 관한 모든 것에 그의 털끝을 곤두세웠다고 할 수 있다. 본질적으로 아도르노는 그가 미국에 오기 전에 형이상학적인 추방자로서의 존재가 될 성향을 갖추고 있었다. 그는 이미 유럽에서 부르조와의 취향으로 간주되는 것에 대해서는 극도로 비판적이었다. 예컨대 음악이 반드시 갖추어야 할 것에 대한 그의 표준은, 지극히 어려운 쉔베르크Schoenberg의 작품에 의해 설정되었다. 아도르노가 주장하는 그 작품들은 영예롭게도 듣는 이도 없고, 듣는 것도 불가능한 운명에 처해 있는 것이었다. 그는 역설적이고, 아이러니컬하고, 잔인할 정도로 비판적이었다. 아도르노는 우리의 편이건 그들의 편이건 관계 없이 똑같이, 싫어함이라는 것에 의해 모든 체계를 증오하는 전형적인 지성인이었다. 그에게서 삶이란 총체적으로 그 대부분이 잘못된 것이었다-그는 그 전체가 언제나 진실이 아니라고 언젠가 말한 적이 있다. 그리고 그는 계속해서 이러한 것이야말로 주관성, 개인의 의식, 그리고 전체적인 관리사회에서 조직화될 수 없는 것에 더욱더 큰 프리미엄을 부여한다고 말했다.

그러나 1953년에 간행된 153편의 논문을 묶은 것들로 '상처입은 삶으로부터의 사색Reflactions from Damaged Life'이라는 부제가 붙여진 아도르노의 위대한 걸작 『최소한의 도덕the Minima Moralia』이 산출될 수 있었던 것은, 다름아닌 그의 미국 추방 생활로 인한 것이었다. 이 책은 연속적 자서전도 아닐 뿐 아니라, 주제가 있는 깊은 생각을 담은 것도 아니며, 더욱이 그 저자의 세계적 관점에서 체계적인 폭로를 한 것도 아니다. 이 책의 삽화적이고 신비로운 기묘한 형태로부터, 우리는 1860년대 중반 투르게네프의 러시아인의 삶을 그린 소설 『아버지와 아들』에서 재현되었던 바자로프의 삶의 특성들을 다시 한번 회상하게 된다. 현대 허무주의적 지성인의 원형인 바자로프는, 투르게네프에 의해 전혀 어떤 서술적 맥락도 부여받지 못했다. 그는 쉽게 등장하고, 그런 다음 사라진다. 우리는 단순하게 그를 그의 나이 많은 부모와 함께 보지만, 그는 그들로부터 신중하게 자신을 분리해

내고 있음이 매우 명백하다. 이러한 우리는 이질적인 규범에 따라 삶을 영위하는 바자로프 덕택에 이 소설을 통해 지성인을 그저 한 이야기로서가 아니라, 일종의 불안정화하는 효과를 갖는다는 것을 추론해 볼 수 있다. 그는 지진과 같은 충격파를 던지고 국민들을 놀라게 하였다. 그러나 그는 결코 그의 배경에 의해서도 그의 동료들에 의해서도 결코 설명될 수 없는 존재이다.

투르게네프 그 자신은 실질적으로 이것에 대해서 전혀 어느 것도 말하지 않는다. 즉 그는 지성인이 부모와 자식들과 분리된 존재일 뿐 아니라, 지성인의 일에 종사하는 과정이 암시적이고, 일련의 불연속적인 행동으로서 마치 사실주의적으로 재현될 수 있다고 말하듯이, 우리의 눈앞에서 그것이 일어나도록 남겨둘 뿐이다. 물론, 아우슈비츠Auschwitz, 히로시마, 냉전의 시작과 미국의 승리 이후에 지성인을 정직하게 재현하는 것이, 투르게네프가 100년전에 바자로프에게 했던 것을 하는 것 보다도 훨씬 더 뒤틀리는 일이라고 해도, 아도르노의 『최소한의 도덕』은 똑같은 논리를 따르는 것으로 보인다.

과거와 현재를 모두 똑같이 능숙하게 피해나가는 영원한 추방자로서 지성인을 재현하고 있는 아도르노의 핵심은, 그의 극단적인 형식과 작품을 쓰는 문체에 있다. 무엇보다도 아도르노의 문체는 단편적이고, 경련적이며, 불연속적이다. 따라야 할 글의 구성이나 미리 결정된 어떤 순서도 없다. 그것을 통해 그는 지성인의 의식을 어떤 곳에서도 편하게 쉴 수 없고, 언제나 성공에 대한 유혹으로부터 자신을 지켜야 하는 것으로써 재현하고 있다. 이러한 고집스럽게 편향된 의식을 갖는 아도르노에게 있어서, 성공이란, 쉽게 그리고 직접적으로 이해될 수 없는 것으로 간주하려는 의식적인 노력을 의미하는 것이다. 또한 지성인은 완전히 사적인 문제에만 매달릴 수 없다. 그 이유는 아도르노가 그의 생애의 거의 끝무렵에 말했듯이, 지성인의 희망은 그 자신이 세상에 대한 영향력을 갖는 것이 아니라, 어느날, 어느 곳에서, 누군가가 그가 썼던 것을 정확히 그가 쓴 그대로 읽어주는 데에 있기 때문이다.

『최소한이 도덕the Minima Moralia』의 18번 글은 추방의 중요성을 매우 정확하게 포착하고 있다. 아도르노는 '머물러 산다는 것은 적절한 의미에서는 이제는 불가능하다. 우리가 성장해 온 전통적 주거는 참을 수 없는 것으로 되어버렸다. 전통적 주거의 편안함의 속성들은 지식의 배신행위에 의해 희생되었다. 이제 전통적 주거의 모든 흔적들은 곰팡내나는 가족 이익의 협정들에 의해 대가를 치루었다'라고 말한다. 나치즘 이전에 성장했던 사람들이 살았던 전쟁 이전의 삶은 이제 그만 끝났다. 사회주의와 미국식 소비주의는 더이상 바람

직하지 않는 것이 아니다. '사람들은 슬럼이 아니라면, 내일
까지는 아마도 나뭇잎으로 된 오두막, 트레일러, 자동차, 캠
프 또는 옥외 등에 있는 방갈로 같은 곳에서 거주하게 될 것
이다.' 따라서 아도르노는 '집은 지나갔다(즉 끝났다)…이 모
든 것에 직면하여 가장 좋은 행동양식은 여전히 시행되지 않
고, 지연되는 것 같다… 사람이 자신의 가정에서 편안하게
지내지 못하는 것은 도덕성의 부분이다'라고 언명한다.

그러나 아도르노는 명백한 결론에 도달하자마자 그것을 뒤
집는다: '그러나 이러한 역설의 주제는 사람들에게 적대적일
수 밖에 없는 것들에 대해서는 반드시 그것을 파괴하도록 만
들고, 일종의 사랑없는 무관심을 초래할 것이다; 그리고 이
에 대한 즉각적인 반명제는, 그들이 소유한 것들을 지키고자
하는 나쁜 의식을 원하는 자들에 대한 어떤 이데올로기라는
것이다. 그릇된 삶이 올바르게 영위될 수는 없는 것이다.'[26]

달리 말하면 실제적으로 도피란 전혀 있을 수 없는 것이다.
그것은 중단된 상태로 남아 있고자 하는 추방자들에게도 역
시 해당된다. 그것은 어정쩡한 상태 그 자체가, 시간의 경과
에 따라 잘못이 가려지게 되는 어떤 종류의 살아가는 양태로
서 엄격한 이데올로기적 위상의 하나가 될 수 있고, 이러한
잘못된 삶의 방식에 사람들이 너무 쉽게 익숙해지기 때문이
다. 그러나 아도르노는 계속 압박을 가한다. '의심을 품은 정

밀한 탐색은 언제나 유익하다.' 특히 지성인의 글쓰기와 관련된 곳에서는 더욱 그렇다. '글쓰기는 더 이상 조국을 갖지 못하는 자에게는 삶의 한 장소가 된다', 그러나 그렇다 해도-이는 아도르노가 최종적으로 언급하는 것이다-자기 분석의 엄격성을 늦추는 것은 있을 수 없는 것이다.

사람이 자기 연민에 대항하여 자신을 강하게 하고자 하는 요구는, 극도의 조심성 속에 지성적 긴장을 이완시키는 어떤 것에 대처하기 위해서, 그리고 일(또는 저술)에 겉치장을 씌우거나 또는 쓸데 없이 시류에 따르기 시작한 어떤 것을 제거하기 위해 요구되는 기술적 필요성을 함축하는 것이다. 겉치장을 하고 시류에 따르는 것이, 초기 단계에는 성장을 촉진하는 따뜻한 분위기를 낳는 데에 있어 수다쟁이로서 기여한 듯 하지만, 이제 그것은 빛이 바래고 진부하고 식상한 것으로 뒤에 남겨지게 된다. 궁극적으로는 저술가는 자신의 글 속에서 사는 것이 허용되지 않게 되는 것이다.[27]

이는 전형적으로 침울하고 고집스러운 것이다. 아도르노는 지성인이 자신의 저작을 통해 어떤 만족을 제공할 수 있다는 생각에 대해서 엄청나게 빈정거리는 추방자로서의 지성인이다. 또 그는 전혀 '정주'하지 못하는 것에 대한 걱정과 주변성으로부터 오히려 일말의 휴식을 얻는 듯한 대안적인 삶의 형태를 지닌 추방자로서의 지성인이라고 할 수 있다. 아도르노가 말하지 않은 것은 추방자의 진정한 즐거움이다. 이러한 추방의 즐거움은 추방이 때때로 가능하게 해주는 상이한 삶의 양식과 비전에 대한 기묘한 시각들에 있는 것이다. 그리고 이러한 즐거움은 아마도 모든 최후에 갖게 될 우려나 씁쓸한 고독에 대한 느낌을 경감시키지 않으면서도 지성인의 소명에 활력을 불어넣는다. 따라서 추방이 지성인을 (말하자면) 특권, 권력, 안락한 삶이라는 편리함의 외부에 있는 주변 인물로 존재하는 누군가로서 특징짓는 조건이라고 말하는 것은 옳다. 그러나 반면에 그러한 조건이 지성인의 소명에 확실한 어떤 보상을 해주고 더욱이 특권까지 가져다 준다는 점을 강조하는 것 역시 매우 중요하다고 할 수 있다. 달리말하면 당신은 어떤 상도 받지 못하고, 또한 집단의 노선을 따르지 않음으로써 골치아픈 트러블 메이커가 되는 자를 의례적으로 배제하는 자기 축하적인 영예사회로 진입하는데는 환영받지 못하지만 그와 동시에 당신은 추방과 주변성으로부터 어떤 긍정적인 것들을 끌어 낼 수 있다는 점이다.

물론 추방자로서의 지성인에게 있어 하나의 즐거움이 있다. 놀라게 되고, 결코 어떤 것도 당연한 것으로 간주하지 않으며, 대부분의 사람들을 당황하게 하거나 공포로 몰아넣는 불안정한 상황 속에서 행동하는 것을 익히는 즐거움을 말한다. 지성적 삶은 근본적으로 지식과 자유에 관한 삶이다. 그러나 이러한 것들은 추상성 – '당신은 좋은 삶을 즐길 수 있기 위해서는 좋은 교육을 받아야만 한다'라는 보다 진부한 언술로서 추상성 – 으로서가 아니라, 실질적으로 삶을 영위하는 과정에서 얻는 경험으로서의 의미를 지닌다. 어떤 의미에서 지성인은 땅 위에서가 아니라 땅과 더불어 살아가는 방법을 배우는 난파된 조난자와 비슷하다. 이는 작은 땅을 식민화하려는 목적을 가진 로빈슨 크루소와 같은 삶이 아니라, 마르코폴로와 같은 삶과 더 유사한 것이다. 마르코폴로의 경우는 경이로움에 대한 그의 느낌이 결코 그를 잘못으로 빠뜨리지 않았다. 그는 무단 획득자도, 정복자도, 침입자도 아니었으며, 언제나 여행자였으며, 일시적인 손님이었던 것이다.

추방자들은 사물들을 이면에 숨겨진 것과 현시점에서의 실질적인 것의 양관점에서 보기 때문에, 모든 것을 결코 고립된 것으로 보지 않는 이중의 시각을 가진다. 새로운 나라에서의 모든 장면이나 상황은 필수적으로 예전의 나라의 그것에 상응하는 것을 도출해내도록 한다. 이러한 시각은 지성적으로 어떤 이념이나 경험이 항상 또 다른 것과 대치되고, 그렇기 때문에 이따금씩 새로운 국가와 옛 국가 모두를 새롭고 예측할 수 없는 빛 속으로 드러나게 하고 있다. 즉, 사람은 그러한 병렬적인 것에서 서로 다른 것과의 비교를 통해, 한 상황 속에서의 인간의 권리 문제에 있어서 어떻게 생각하고 말하는 가에 대해서 더 좋은, 그리고 아마도 더욱 보편적인 생각을 얻게 될 것이다. 이러한 관점에서 나는 서방에서의 이슬람 근본주의에 대해 지극히 쓸데없는 걱정을 하고, 심각한 균열상을 보이고 있는 토론의 대부분이, 나의 중동의 경험에 비추어 볼 때 동등하게 유포되어 있고 비난받아야만 되는 유태교 또는 기독교 근본주의와 비교하지 않고 있기 때문에 지성적으로 혐오스러운 것이라고 느껴 왔다. 관례적으로 설정된 것에 단지 반대만 하는 것이 아니라, 모든 신정정치적 경향에 대해 세속론자로서(또는 아닌)의 입장을 취할 것에 대한 작금의 요구와 더불어 이중적 또는 추방자적 시각에서 서방 지성인들에게 통상적으로 공인된 적에 반대한다는 그저 단순한 판단의 문제로서 생각되는 것을 더욱 넓은 시야에서 볼 것을 강요하고 있는 것이다.

사실상 지성인에게 있어 추방자의 입장이 되는 두번째 이점은 사물을 단순히 있는 그대로가 아니라, 그러한 것들이 그러한 식으로 되어온 방식으로서 보려는 경향을 갖는다는 데에 있다. 상황을 불가피한 것으로서가 아닌 그때의 상황조건적 입장에서 보아야 하고, 그리고 인간에 의해 만들어진 일련의 역사적 선택의 결과로서 보아야 하고, 또 인간에 의

해 만들어진 사회의 사실로서 보아야 하는 것이다. 상황을
자연이나 신에 의해 주어졌고, 그렇기 때문에 변화불가능하
고 영원하고, 뒤집을 수 없는 것으로서 보아서는 안된다는
것이다.

이러한 종류의 지성인의 위상에 대한 위대한 전형이 18세
기의 이탈리아 철학자 쟘바티스타 비코Giambattista Vico에
의해 제시되고 있다. 그는 오랫동안 나의 영웅이 되어왔다.
비코의 위대한 발견은 사회적 실재를 이해하는 적절한 방법
이 그 기원점에서부터 발생되는 하나의 과정으로서 이해해야
한다는 것과, 사람은 언제나 극도의 비참한 환경에 처할 수
있다는 것이다. 비코의 이러한 위대한 발견은 그의 비천한
나폴리인 교수로서의 외로움, 거의 살아남기 힘든 현실, 교
회와 그를 직접적으로 둘러싸고 있는 것들과의 불화에서 부
분적으로 기인된 것이었다. 그는 그의 위대한 저작『신과학
The New Science』에서, 이러한 방법을 성년의 인간이 옹얼
거리는 어린아이로부터 기원했다는 것과 같이, 모든 것을 분
명한 출발점으로부터 진화해온 것으로서 보는 것을 의미하는
것이라고 말했다.

비코는 이것이야말로 세속적 세계에 대하여 취해야 할 유
일한 관점이라고 주장하고 있다. 또한 그는 세속적 세계가
신에 의해 운명지워진 것이 아니라 그 자체의 법칙과 과정을

지닌 역사적인 것이라는 사실을 거듭해서 반복하고 있다. 이러한 관점은 인류 사회에 대해서 숭배감이 아니라 존경심을 낳는다. 당신은 인류 사회의 기원이라는 관점에서 권력의 최상의 위대함을 보고, 인류의 시작부터 권력이 아마도 선두에 서게 된 것으로 볼 수 있다. 그리고 당신은 존엄한 인물에게 경외감을 갖지 않게 된다. 또한 당신은 토착민에게 종종 침묵을 강요하고 정신을 잃을 정도로 복종을 강요하고 있는, 훌륭한 제도들에도 경외감을 갖지 않게 된다. 토착민은 그러한 훌륭한 제도가 파생된 어찌할 수 없이 비천한 인류의 기원들을 그러한 것으로서가 아니라 숭고한 것으로 보아온(그렇기 때문에 경배해 온) 사람들이다. 추방 중인 지성인은 필수적으로 빈정거리고 회의적이고 희롱적이다 – 그러나 냉소적이지는 않다.

　최종적으로 어떤 실질적인 추방자의 경우라도 확인 할 수 있듯이, 일단 당신은 집을 떠난다면 마지막 정착지가 그 어느 곳이든 쉽게 삶을 시작할 수 없으며 그 새로운 지역의 또 다른 시민도 될 수 없다. 그렇지 않고 만일 당신이 그렇게 되려고 행동한다면, 그러한 노력에 수없이 많은 어색한 것들이 포함되며, 그러한 노력이 거의 가치없게 보이게 될 것이다. 당신은 일단 자기의 것이 된 것을 상실해 본 경험은 물론, 그 무엇보다도 되돌아 갈 수 없는 삶에 대한 고통스러운 기억에

대한 경험을 가져본 적이 없이, 태어나고 성장한 곳에서 살
아가고, 사랑하는 자들을 가까이 두고 항상 가정에서 지내는
당신 주위의 사람들을 시샘하면서, 당신이 잃어버린 것을 후
회하는데 수많은 시간을 보내게 될 것이다. 달리 말하면 언
젠가 릴케Rilke가 말했듯이, 당신은 당신의 환경에 초보자가
될 수 있고, 그러한 삶은 당신에게 비관례적인 생활양식, 그
리고 그 무엇보다도 상이하고 또 그 대부분이 매우 기묘한 삶
의 이력을 갖도록 해 줄 것이다.

　지성인에게 있어 추방과 같은 쫓겨남은, 통상적인 삶의 여
정으로부터 해방되는 것을 의미한다. 통상적인 삶이 견지되
는 곳에서는 '성공하는 것'과 유서깊은 족적을 따르는 것이
주요 표석이 된다. 그러나 추방은 당신이 예정된 길을 따를
수 없기 때문에, 항상 주변인이 되고, 한 지성인으로서 당신
이 행동해야 할 것은 결정해야만 한다는 것을 의미한다. 만
일 당신이 그러한 운명을, 박탈당하거나 비탄에 빠지는 것으
로서가 아니라, 당신 자신의 방식에 따라 모든 것을 행하는
발견의 과정인 일종의 자유로서, 다양한 관심사가 당신을 사
로잡는 것으로서, 그리고 당신이 스스로 설정한 특별한 목적
이 명령하는 것으로서 경험한다면, 그것은 그야말로 추방된
지성인만이 맛볼수 있는 고유한 즐거움일 것이다. 당신은 제
임스C. L. R. James의 오랜 방랑에서 그것을 볼 수 있을 것

이다. 그는 트리니다드Trinidadian[7]출신의 수필가이자 역사가로서 세계 양차대전의 중간에 크리켓 선수로서 영국에 온 인물이다. 그의 지성적 자서전인 『경계를 넘어서Beyond a Boundary』는 크리켓 선수로서의 그의 인생과, 크리켓이 식민지 정책에서 어떤 의미를 갖는가에 대한 하나의 설명이 었다. 또다른 그의 저작 가운데 『흑인 자코방당원들The Black Jacobins』이 포함되어 있다. 이 작품은 18세기 후반의 아이티계 흑인 노예들이 투생 로베르튀르Toussaint L'Ouverture의 지휘아래 폭동을 일으킨 소요의 역사를 기록한 것으로, 미국에서 연설자와 정치조직가가 되는 것, 그리고 범아프리카주의에 대한 다양한 저술과 대중문화와 문학에 관한 수십편의 에세이들을 덧붙인 허만 멜빌Herman Melville에 대한 연구서 『항해자, 배반자, 그리고 버림받은 자들Mariners, Renegades, and Castaways』을 포함하고 있다. 추방은 우리가 오늘날 엄격한 전문직업적 경력이라고 부르는 것과는 너무 다른 기묘하고 일정치 않은 과정들이지만, 그러나 풍요롭고 끝이 없는 자기 발견을 포함하고 있다.

우리의 대부분은 아도르노나 C. L. R. 제임스와 같은 추방

---

7) 베네주엘라 동북 해안 앞바다에 있는 영국령 서인도제도 중 최남단의 섬이다. 1962년 그 동북방의 Tobago섬과 합동하여 Trinidad and Tobago로서 영국 연방 내의 독립국이 되었으며, 1976년 공화국이 되었다.

자의 운명을 복제할 수는 없지만, 그럼에도 불구하고 오늘의
지성인들에게 있어서 그들이 갖는 의미는 매우 적절한 것이
다. 추방은 순응하고, 예라고 말하고, 정주하는 대가에 의해
유혹받고, 심지어는 공격받고, 억압받는 지성인에 대한 하나
의 모델인 것이다. 비록 어떤 사람이 실제적으로는 이주자나
추방자가 아닐지라도, 한 사람으로서 사고하고, 장벽들에도
불구하고 상상하고 탐구하고, 그리고 집중화되고 있는 권위
로부터 벗어나 언제나 주변을 향해 이동하는 것은 여전히 가
능하다. 그렇게 함으로써 당신은 관습적이고 편안한 것을 초
월하여 결코 전에는 여행해 본 적이 없는 정신 속의 잃어버린
것들을 들여다 볼 수 있게 될 것이다.

　주변성이라는 조건은 무책임하거나 경박한 듯 보이지만,
손수레가 뒤짚어질 것을 우려하거나, 같은 회사의 동료들을
동요시킬 것을 염려하면서 언제나 주의 깊게 나아가야 하는
것으로부터 당신을 해방시켜 준다. 물론 어느 누구도 애착과
감성으로부터 자유롭지 못하다. 또한 나는 여기에서 자신의
기술적 능력을 어느 누구에게라도 빌려주거나 판매하기 위해
시장에 내놓고 있는, 소위 자유롭게 표류하는 지성인을 염두
에 두고 있는 것이 아니다. 요컨대 내가 실질적인 추방 상태
에 있는 자와 같이 주변적으로 되고 길들여지지 않는 것이라
고 말하는 것은 지성인이 통상적으로 권력자에 대해서 보다

는 여행자에게, 습관적인 것에 대해서 보다는 일시적이고 위험부담적인 것에, 권위적으로 주어진 현상에 대해서 보다는 혁신적이고 실험적인 것에 유별나게 반응적으로 되는 것이라는 사실을 의도하는 것이다. 추방적 지성인은 관습적인 논리에 반응하지 않고, 모험적 용기의 대담성에, 변화를 재현하는 것에, 가만히 서있는 것이 아니라 움직이는 것에 반응한다.

4. 전문 직업인과 아마추어

1979년 다재 다능하고 영민한 프랑스 지식인 레지스 드브레Regis Debray는 프랑스의 문화적 삶의 정곡을 찌르는 『교사, 작가, 명사 : 현대 프랑스의 지식인들Teachers, Writers, Celebrities : The Intellectuals of Modern France』이라는 제목의 해설서를 발표했다.[28]

드브레이는 1958년 쿠바 혁명 직후 하바나대학에서 강의를 했고, 한때 좌익 행동주의에 깊이 빠져 있던 인물이었다.

그는 몇년 후 볼리비아 당국으로부터 쿠바의 체 게바라Che Guevara[1]와 연루된 혐의로 30년 감옥형을 선고받았으나, 단 3년만 복역했었다. 그는 이후 프랑스로 돌아와 반半학문적 성격의 정치 분석가가 되었고, 다음에는 미테랑 대통

---

1) 아르헨티나 출신의 의사로 카스트로와 함께 쿠바혁명을 성공시킨 인물로 지난 67년 남미 정글에서 사살되기전까지 2년 반동안 세계 곳곳의 게릴라전에 개입했었다.

령의 자문관이 되었다. 그 결과 그는 지성인과 기관 사이의 관계를 이해할 수 있는 독특한 위치에 있게 되었다. 그러한 관계는 결코 정적이지 않고, 언제나 변화하고 때로는 그 복잡성을 지닌다.

그 책에서 드브레이의 논제는, 1880년과 1930년 사이의 파리의 지성인들이 주로 소르본느 대학과 관계를 유지해왔다는 것이다. 당시 지성인들은 교회와 나폴레옹주의로부터 도피한 세속적인 피난자들이었다. 실험실, 도서관, 그리고 강의실에서 그들은 교수로서 보호받았고, 지식의 중요한 발전을 이룰 수가 있었다.

1930년 이후에 들어서면서, 소르본느 대학은 서서히 누벨르 르뷔 프랑세즈Nouvelle Revue Francaise와 같은 새로운 출판사들에게 그 권위를 넘겨주게 되었다. 드브레이에 따르면 지식계층과 그들의 편집인들을 포함하는 정신적 가족은 그러한 출판사로부터 좀더 편안한 안식처를 제공받았다. 대략 1960년까지 사르트르, 드 보부아르de Beauvoir, 까뮈 Camus, 모리악Mauriac, 지드Gide, 말로Malraux와 같은 저술가들은 제한 없는 영역의 저술활동, 자유에 대한 신조, 그리고 1960년대 이전에 있었던 성직자적 엄숙성이라는 것과, 그리고 그와 대조적인 1960년대 이후에 등장한 요란스러운 광고의 중간쯤 성격을 지니고 있는 그들의 담론으로 인해 사

실상 교수직을 박탈당한 지식인 계층이었다.[29]

1968년 무렵에 거의 모든 지성인들은 발행인들의 울타리로부터 벗어났다. 그 대신 그들은 저널리스트, 토크쇼의 손님과 사회자, 관리자 등이 되어 대중매체 쪽으로 떼지어 몰려들었다. 그들은 이제 거대한 청중들을 갖고 있을 뿐 아니라, 지성인으로서 그들의 모든 삶의 행위는 그들의 시청자에 달려있고, 또 다른 곳에서는 그들의 얼굴없는 소비자 청중인 '타자들'로부터 주어지는 갈채나 건망증에 의존하고 있다. '대중매체는 수신지역을 확대함으로써, 요구는 더 적고, 그렇기 때문에 더 쉽게 청중을 사로잡을 수 있는 더욱 넓은 동심원을 통해서, 정당성의 고전적 원천이었던 직업적 지성인 계층을 포위해버림으로써 지성인의 정당성의 원천을 감소시켰다… 대중매체는 전통적 지성인 계층의 평가규범과 가치척도들과 더불어 그들의 폐쇄성 역시 깨뜨렸다.'[30]

드브레가 기술한 것은 거의 전적으로 나폴레옹 이래의 사회내의 세속 세력, 황제 세력, 성직자 세력 간의 투쟁 결과로 이루어진 프랑스 지역에 관한 상황이었다. 그러므로 그가 프랑스에 대해 묘사한 것들은 다른 나라에서는 발견될 개연성이 거의 없는 것 같다. 예컨대, 2차 세계대전 이전의 영국의 주요 대학들은 드브레의 관점에서 보면 아무 특징도 부여할 수 없다. 옥스포드나 캠브리지 출신들까지도 프랑스의 의미

에서 보면, 공공영역에서는 거의 지성인들로 알려지지 않았
다. 그리고 비록 영국 출판사들은 양차 세계대전 사이에서
강력한 힘과 영향력이 있었다 해도, 그러한 출판사들과 작가
들은 드브레가 프랑스에 대해 얘기한 것과 같은 정신적 패밀
리를 구성하지 못했다. 그럼에도 불구하고, 드브레의 일반적
요점은 타당하다. 즉 개인들로 이루어진 집단들이 기관들과
의 제휴를 통해 권력과 권위를 끌어내고 있다는 사실이다.
그러한 사실들에 대한 안토니오 그람시의 유용한 귀절을 원
용한다면, 기관들이 권력을 얻거나 몰락하는 경우 유기적 지
성인들 역시 똑같은 과정을 겪게 되는 것이다.

그렇지만 독립적independent이고, 자율적으로 기능하는
지성인이 존재하는지, 또는 존재할 수 있는지에 대해서는 여
전히 의문이 남게 된다. 이러한 독립적이고 자율적인 지성인
이란 급료를 지불하는 대학이나 노선에 따를 것을 요구하는
정당과 제휴하지 않고, 또 연구할 수 있는 자유를 제공하면
서 한편으로는 더욱 정교한 타협적 판단을 내리고 비판의 목
소리를 절제하고 있는 두뇌집단들 등과의 제휴에 의한 은전
을 입지 않음으로써, 그들에게 속박되지 않는 자들을 말한
다. 드브레가 제시한 것처럼, 지성인의 세계가 일단 동류 지
성인 집단을 넘어 그 이상으로 확대되게 된다면 — 달리 말해
청중이나 고용주를 즐겁게 하려는 갈망이, 토론과 판단을 하

는데 있어 다른 동류 지성인들에게 의존하는 것보다 우선하게 되는 경우ー, 지성인의 소명 가운데 일부분이 폐기되지는 않는다 해도 틀림 없이 제약을 받게 될 것이다.

일단 지성인의 재현이라는 나의 주제로 다시 되볼아가 보자. 우리가 지성인 개인ー여기에서 나의 주된 관심사는 개별적 지성인이다ー을 생각할 때, 우리는 그의 또는 그녀의 인물상을 그리면서 그 사람의 개체성을 강조하고 있는가? 아니면 그 지성인 개인이 한 구성원으로 소속되어 있는 집단이나 계급에 초점을 맞추게 되는가? 이러한 질문에 대한 답은, 지성인의 연설에 대한 우리의 기대치에 영향을 미치게 될 것임이 명백하다. 즉 우리가 듣고, 읽는 것은 하나의 독립된 견해인가? 아니면, 정부나 조직화된 정치적 주장이나, 로비집단을 대변하는 것인가?

19세기에는 지성인의 재현에서 개체성을 강조하는 경향이 있었다. 당시 지성인이란 거의 대체로 투르게네프의 바자로프 또는 제임스 조이스의 스티븐 디덜러스와 같이 고독한, 어쩌면 냉담한 인물이었다. 그들은 전혀 사회에 조화되지 못하고, 결과적으로 철저하게 기존의 견해 밖에 있는 반항자이다. 그러나 20세기 들어서 지성인 또는 지식계층이라고 불리우는 일반 집단에 속하는 남성과 여성들의 수적인 증가ー경영자, 교수, 저널리스트, 컴퓨터나 정부의 전문가, 로비스트,

학자, 직업적 칼럼니스트, 자신의 의견을 대가로 돈을 지불받는 자문가들 - 는 독립된 목소리를 갖는 개별적 지성인이 도대체 존재할 수 있는지에 대해 의심하게 만들었다.

이는 대단히 중요한 문제이고, 냉소주의는 아니라 해도 현실주의와 이상주의의 조화와 관련해서 탐색되어야 할 문제인 것이다. 오스카 와일드Oscar Wilde는 냉소적인 사람은 모든 것의 값은 알지만, 그 가치는 전혀 모르는 인물이라고 말한다. 지성인들이 대학에서 일을 하거나 신문에 글을 써서 생활에 필요한 소득을 얻는다는 것 때문에, 모든 지성인들이 배신행위를 한다고 비난하는 것은, 조잡스럽고, 결국 의미없는 비난에 지나지 않는 것이다. 세상이 너무 부패하기 때문에 종국에는 어느 누구나 탐욕스러운 부에 굴복당한다고 말하는 것은 지나치게 무차별적인 냉소라고 할 수 있다. 반대로 지성인 개인을 너무나 순수하고 고상해서 물질적 이익에 대한 어떤 혐의도 갖지 않는 일종의 빛나는 기사나 완전한 이념을 지닌 인간으로 간주하는 것 또한 거의 진지하지 못한 것이라 할 수 있다. 어느 누구도 그러한 시험을 통과할 수 없는 것이다. 이는 스티븐 디덜러스처럼 너무도 순수하고 지극히 이상적이어서 끝내는 무능력하게 되고, 또 설상가상으로 침묵하는 경우에는 결코 시험을 통과할 수 없는 것이다.

그러나 그렇다고 해서 지성인이 우호적인 전문 기술자가

되는 것과 같은 논쟁하지도 않고 위험성도 없는 인물이 되어야 함을 의미하는 것은 결코 아니다. 또 지성인이 의례히 불쾌하고 귀담아 들어주는 이도 없는 직업적 예언자인 카산드라Cassandra[2]처럼 되어야 한다는 것도 물론 아니다. 모든 인간은 사회가 아무리 자유롭고 개방적일지라도, 그리고 개인이 아무리 자유분방한 보헤미안과 같을지라도 사회적인 제약을 받게 마련이다. 따라서 지성인은 어떠한 경우에도 토론에 귀기울여야 하고, 실제로 토론을 자극해야 하고, 가능하다면 논쟁적이어야만 하는 것이다. 그러나 이러한 방법들이 완전한 침묵이나 완전한 반란을 의미 하는 것은 결코 아니다.

레이건Reagan 행정부가 끝날 무렵, 러셀 자코비Russell Jacoby라 불리우는 한 불만에 찬 좌익의 미국 지성인은 『최후의 지성인들The Last Intellectuals』이라는 제목의 책을 발간했다. 그 책은 엄청난 논란을 야기시켰지만, 자코비 자신은 그것의 많은 부분에 찬성했다. 그 책의 내용은 사회의 그 어느 누구도 관심을 기울여 주지 않는, 소심하면서도 전문용어를 쏟아내는 모든 대학교수님 집단들을 제외하고는 이제 미국에는 어떤 지성인도 남지 않게 됨으로써 비학자적 지성인이 완전히 사라졌다는 지극히 온당한 논제를 주장하고

---

2) 그리스 신화에 나오는 트로이의 예언자로서 세상에서 아무도 믿어주지 않는 예언자를 의미한다.

있었다.[31]

자코비가 제시한 옛날 지성인에 대한 모델은, 금세기 초 주로 그리니치 빌리지Greenwich Village3)(라틴 지역의 지방 마을 같은)에 살았던, 대표적인 뉴욕 지성인으로 널리 알려져 있는 몇몇 명사로 구성되어 있다. 그들의 대부분은 유태인이나, 좌파의 인물들(그러나 그 대부분 反공산주의자인)로서 문필로 이력저력 생활을 영위했었다. 그러한 초기 세대의 지성인들로는 에드먼드 윌슨Edmund Wilson, 제인 제이콥스Jane Jacobs, 루이스 멈포드Lewis Mumford, 드와잇 맥도날드 Dwight McDonald와 같은 남성과 여성을 포함할 수 있을 것이다. 약간 후기의 이러한 부류의 인물들로는 필립 라프Philip Rahv, 알프레드 카진Alfred Kazin, 어빙 하우 Irving Howe, 수잔 손탁Susan Sontag, 다니엘 벨Daniel Bell, 윌리엄 바레트 William Barret, 리오넬 트릴링Lionel Trilling을 들 수 있다. 이러한 유형의 사람들은 자코비에 따르면 전후의 다양한 사회적, 정치적 요인에 의해 감소되어

---

3) 미국 뉴욕시 맨하튼 남부에 있는 주택지구로, 식민시대에 정착된 마을이다. 1910년 이후 반체제적인 작가, 화가, 학생, 보헤미안, 지식인들이 이곳에 모여들었다. 그러나 1980년대에 고층아파트들이 들어서자 이 지역의 대부분은 현대적 주거지역으로 되었고, 이곳에 살던 주민들은 이스트 빌리지 쪽과 소호거리로 옮겨갔다. 그리니치 빌리지는 오랫동안 좁고 구불구불한 길, 오래된집, 외국음식점, 예스러운 상점, 색다른 나이트 클럽으로 유명한 곳이었다.

왔다. 자코비는 인생의 정해진 위치로부터 이탈하고 도피하
려는 생각을 개척한 비트족 세대4)에 의한 도시교외로의 탈
출(자코비의 요점은 지성인은 도시의 창조물이라는 것이다)
과 그들의 무책임성, 대학의 팽창, 그리고 미국의 과거 독립
적인 좌파인물들의 대학으로의 표류 등의 새로운 요소들이
전후 사회에 대두됨으로써, 비학자적 지성인이 사라지게 되
었다고 말한다.

　이러한 결과는 아마도 오늘날의 지성인이 안전한 소득을
갖고 있으면서, 교실 밖의 세계를 다루는 데는 전혀 관심이
없는 폐쇄적인 문학 교수와 매우 흡사한 모습을 보이게 되었
다는 사실이다. 자코비는 이러한 유형의 지성인들은 사회변
동에 대한 것보다는 주로 학문적 진보만을 의도하는 난해하
고 비속적인 화려한 산문을 쓴다고 주장한다. 한편 신보수주
의 운동이라 불리는 것의 득세-사회 비평가인 어빙 크리스
톨Irving Kristol과 철학자 시드니 후크Sideny Hook와 같이
레이건정부 기간 동안 저명해졌지만, 많은 경우 과거에 좌익
이었고, 독립적이었던 지성인들-는 반동적이거나, 또는 최
소한 보수적인 사회적 의제를 촉진시켰던 일단의 수많은 새
로운 저널들을 탄생시켰다(자코비는 특히 극우파의 계간지인
『신 기준The New Criterion』을 지적한다). 자코비는 이러한

---

4) 기성사회에 반항하는 세대.

세력들이 구계열을 이어 받을 수 있는 잠재적인 지성적 지도 자들인 젊은 저자들을 유혹하는데 훨씬 더 열중이었고, 여전히 그러한 것이 변함없이 지속되고 있다고 말한다.

미국에서 지성적으로 가장 명망있는 자유주의적 잡지인『뉴욕 도서비평The New York Review of Books』은 과거 한 때 새롭고 급진적인 작가들의 글을 게재하면서 대담한 생각들을 선도했었다. 그러나 지금 이 잡지는 '뉴욕의 조제식품보다는 옥스포드의 차'라는 케케묵은 영국숭배를 모방하는 '개탄스러운 기록'만을 획득했을 뿐이다. 자코비는『뉴욕 도서비평』이 결코 소장의 젊은 미국 지성인들을 양성하거나, 그들에게 관심을 기울인 적이 없다고 결론짓는다. 25년 동안 그 잡지는 어떠한 투자도 못하고 문화적 대열로부터 물러났다. 자코비는 오늘날 그 잡지의 운영이 주로 영국으로부터 수입된 지성적 자본에 의존하고 있다고 말한다. 이러한 모든 현상은 옛 도시와 문화적 중심지들이 폐쇄되었기 때문이 아니라, 휴업한 데에서 부분적으로 기인된다.[32]

자코비는 '어느 누구에게도 응답하지 않는 철저하게 독립된 영혼'으로 그가 묘사했던 지성인에 대한 생각을 줄곧 상기시키고 있다. 자코비는 지금 우리가 갖고 있는 모든 것은 실종된 세대라고 말한다. 이러한 오늘의 실종된 세대는 강의실 기술자들을 이해하지 못하는 폐쇄성을 갖고 있고, 논쟁을 촉진하기 보다는 평판을 쌓고, 비전문가를 두렵게 하는 학문적 증명서와 사회적 권위에 온 신경을 곤두세우면서, 다양한 후원자들과 기관들을 만족시키고자 갈망하는 위원회에 고용되어 있는 특성을 지닌다. 이는 매우 우울한 모습이다. 그러나 그것이 정확한 모습이라고 할 수 있는가? 자코비가 지성인들의 실종에 대한 이유로 말한 것은 사실인가? 우리는 실제로 좀더 정확한 진단을 제시할 수는 없는가?

무엇보다도 나는 대학이나, 심지어 미국까지도 비위에 거슬린다고 말하는 것은 옳지 않다고 생각한다. 2차 세계대전 직후 프랑스에는 사르트르, 까뮈, 아롱, 드 보부아르와 같은 소수의 저명한 독립적 지성인들에 의해서, 에르스트 르낭과 빌헬름 폰 훔볼트Wilhelm Von Humboldt와 같은 그들의 19세기 위대한(그러나 애석하게도 종종 신비적인) 지성인들의 원형으로부터 계승된 지성인의 고전적 이념 – 반드시 사실은 아니다 – 을 재현하는 것 같이 보인 얼마 동안의 짧은 시기가 있었다. 그러나 자코비가 말하지 않은 것은 20세기 지성인의 일이, 쥘리앙 방다에 의해 옹호되고, 버틀랜드 러셀과 소수의 자유분방한 뉴욕 지성인들에 의해 예시된 그러한 종류의 공공토론과 숭고한 논쟁을 하는 것과 관련되었으며, 또 그릇된 예언의 폭로와 고대 전통들과 신성시된 명사名士들의 허명을 벗겨내는 비판과 각성에 집중적으로 관련되었다는 사실이었다.

게다가 지성인이 되는 것과 지성적인 일을 하는 학자나 피아니스트가 되는 것은 전혀 다른 문제이다. 뛰어난 캐나다의 피아니스트인 글렌 굴드Glenn Gould(1932-1982)는 그의 전 연주 생애 동안 대기업과 계약을 맺은 일종의 녹음 예술가였다. 그러나 그러한·계약이 그가 연주를 행하고, 평가하는 방법에 엄청난 영향력을 미치게 되는 고전음악에 대한 인습타파적인 재해석자와 주석자가 되는 것을 가로막지는 못했다. 같은 방식에서 보면 학문적 지성인들-예를들면 역사가들-은 역사의 기록, 전통의 안정성, 사회에서 언어의 역할에 대한 사상을 전반적으로 재형성해 왔다. 그러한 인물로 누구나 영국의 에릭 홉스바움EricHobsbawm과 톰슨E. P. Thompson, 또는 미국의 헤이든 화이트Hayden White를 생각한다. 그들의 작품은 대개 그 지역 안에서 탄생하고 성장했지만, 학문적 영역을 뛰어넘어 광범위하게 확산되었다.

미국이 특히 지성적 생활을 변질시키는 잘못을 저질렀다는 것에 대해서는 누구나 그러한 견해를 논박해야만 할 것이다. 그것은 오늘날 보이는 모든 곳에서, 심지어 프랑스에서까지도 지성인이 더이상 보헤미안이나 카페 철학자가 아니기 때문이다. 프랑스의 지성인들도 이제는 많은 상이한 형태의 관심사를 표명하고, 매우 다른 극적으로 변화된 방법으로 자신

을 재현함으로써 과거와는 매우 다른 인물이 되었다. 이 강
좌를 통해 줄곧 내가 제시해 왔듯이, 지성인은 우상과 같은
형상을 재현하는 것이 아니다. 그보다 지성인은 전체의 모든
수많은 이슈에 대해서 언어와 사회에 있어서 명확하고 인식
될 수 있는 목소리로써 일하는 것이며, 궁극적으로는 그러한
모든 이슈들을 계몽과 해방이나 자유의 결합과 관련시키는
개인적 소명, 에너지, 완강한 힘을 재현하는 것에 있는 것이
다. 서구와 비서구 세계를 막론하고, 오늘날 지성인에 대한
특별한 위협은 학문기관도 아니며, 도시교외도 아니며, 저널
리즘과 출판사들의 전율스러운 상업주의도 아니다. 그보다
는 오히려 내가 전문직업주의professionalism로 부르고자
하는 태도에 있는 것이다. 이러한 전문직업주의에 따라서,
나는 당신의 지성인으로서의 일을, 9시와 5시 사이에 한눈으
로는 시계를 보고, 그리고 다른 한눈으로는 고유한 전문직업
적인 행동으로 간주되는 것을 흘끔거리면서, 생업을 위해 당
신이 행하는 어떤 것으로서 보고자 한다. 여기에서의 전문직
업적 행동이란, 혼란을 야기하는 것이 아니고, 또 일반적으
로 인정된 파라다임이나 한계 밖에서 방황하지 않으며, 당신
자신을 상품가치가 있도록 하고, 그리고 무엇보다도 당신 자
신을 내놓을만한 가치가 있는 것으로 만들고, 그럼으로써 비
논쟁적이고, 비정치적이고, '객관적'으로 만드는 것을 의미한

다.

사르트르로 되돌아가 보자. 그는 남성(여성을 전혀 언급하
지 않았음)이 자신의 운명을 자유롭게 선택할 수 있다는 이
념을 옹호하는 듯한 말을 하는 바로 그 순간, 그는 또한 그와
같은 자유로운 상황-사르트르가 가장 선호한 단어들 가운데
하나-이 그러한 자유를 완전하게 행사하는 것을 방해할 것
이라는 점 역시 말하였다. 그러나 사르트르는 그럼에도 불구
하고 환경과 상황이 일방적으로 작가나 지성인을 결정짓는다
고 말하는 것은 잘못된 것이라는 점을 덧붙인다. 오히려 그
보다는 환경과 지성인 또는 환경과 작가들 사이에는 끊임없
는 전후방의 운동이 있다는 것이다. 사르트르는 1947년 간행
된 『문학이란 무엇인가What is Literature?』를 발간한 지성
인의 한 사람으로서 그의 신조를 밝히는 과정에 있어서 지성
인보다는 저술가writer라는 단어를 사용하고 있지만, 다음
(모두-남성)에서 보듯이 그가 사회에서 지성인의 역할에 대
해 이야기하고 있음이 분명하다.

나는 무엇보다 자유로운 의도에 의해 글을 쓰는 저자이다.
그러나 즉각적으로 나는 다른 사람들이 저술가writer로서 생
각하는 사람man, 즉 어떤 특정한 요구에 반응하고 어떤 특
정한 사회적 기능을 부여받은 사람이 된다. 그런 사람은 자

기가 하고 싶은 경기가 무엇이든 간에, 다른 사람들이 그에
게 갖는 재현의 토대 위에서 경기를 해야만 한다. 그는 사람
들이 주어진 사회내에서 저작자[또는 지성인]에게 부여하는
특성을 수정하기를 바랄지도 모른다. 그러나 그것을 변화시
키기 위해서는, 그는 먼저 그 안으로 미끄러져 들어가야만
한다. 그 결과 공공대중은 그 사회내에서의 관습, 세계에 대
한 비전, 사회와 문학의 개념을 통해 개입한다. 그러한 것은
저술가를 둘러싸고 있고, 가두어 놓고 있으며, 그러한 것의
오만하거나 교활한 요구, 그것에 대한 거절과 도피 등은 하
나의 작품이 구성될 수 있도록 그 사람의 밑바탕의 위에 주어
져 있는 사실들인 것이다.[34]

  사르트르는 지성인이란 사람들이 반드시 이상화하고 공경
해야 할 만큼의 은둔자적인 철학자-왕과 같은 존재라고는
전혀 말하지 않고 있는 것이다. 오히려 그 반대로-그리고
이것은 지성인들의 소멸에 대해 당대의 애도하는 사람들이
깨닫지 못하는 경향이 있는 어떤 것이다-지성인은 자신의
사회적 요구에는 물론, 하나의 분명한 집단의 구성원들로서
지성인의 지위에 대한 매우 실질적으로 가해지는 수정들에
끊임없이 예속되는 존재라는 것이다. 이렇게 볼 때 지성인이
사회에서의 도덕적이고 정신적인 삶에 대한 절대주권이나 일

종의 제한받지 않는 권위를 가져야만 한다고 가정하는 것은,
지금까지 산출해 온 지성인의 자기재현에 있어서 근본적인
변혁을 이룸으로써, 오늘의 현상들에 대해 비평을 하는데 있
어서도 얼마나 많은 에너지가 최근의 권위에 저항하고, 심지
어는 공격하는데에 투입되고 있는지를 그냥 보고만 있어서는
안 된다는 것을 의미한다.

　오늘날의 사회는, 때로는 상과 보상으로, 그리고 대개는
지성인의 일을 전적으로 모욕하거나 조소함으로써, 또 보다
더 일상적으로는 진정한 지성인이란 오직 자기분야의 전문직
업인이 되는 것이라고 말함으로써, 저술가들을 여전히 가두
어 놓거나 포위하고 있다. 나는 지성인이 반드시 대학 밖에
남겨져 있어야만 한다고 언젠가 사르트르가 말한 것을 다시
상기할 필요는 없다고 본다. 사르트르는 오늘날의 지성인이
사회에 의해 포위되고, 속임을 당하고, 갇히고, 또 어떻게 하
라는 시달림을 받을 때에 바로 지성인이라고 한다. 왜냐하면
오직 그러한 상황과 토대 위에서만이 지성적인 일이 구축될
수 있기 때문이라는 것이다. 그는 1964년 노벨상을 거절함으
로써, 정확하게 자신의 원칙에 따라 행동하고 있음을 보여주
었다.

　그러면 오늘날에는 이러한 압력들에 해당되는 것으로 무엇
이 있는가? 그리고 지성인들은 내가 전문직업주의라고 말했

던 것에 어떤 식으로 적응하고 있는가? 여기에서 논의하고자 하는 것은, 지성인의 영민함과 의지에 도전하는 것이라고 내 자신이 믿고 있는 4가지 압력에 대한 것이다. 그것들 가운데 그 어느 것도 오직 하나의 사회에만 고유하게 적용되는 것은 없다. 그러한 것들이 확산되고 있음에도 불구하고, 그 각각은 내가 아마추어리즘이라고 말하는 것에 의해서 극복될 수 있을 것이다. 아마추어리즘이란 노선과·장벽들을 가로질러 연결시키고, 전문성에 구속되는 것을 거부하고, 전문직업의 제약에도 불구하고 사상과 가치에 관심을 두는 것을 통해 이윤이나 보상에 의해서가 아니라 더 큰 심상으로부터의 사랑과 억누를 수 없는 관심에 의해 움직이려는 욕망에 의해 행동하는 것을 말한다.

전문화specialization는 이러한 압력 가운데 첫번째의 것이다. 사람은 오늘날 교육체제에서 더 높이 올라갈수록, 상대적으로 더욱더 편협한 지식의 영역에 제한된다. 이제는 어느 누구나 그러한 전문적 능력을 가지지 않을 수 없지만, 그러한 전문적 능력이 자신과 직접 관련된 분야 밖의 어떤 것을 보는 시각을 잃어버리고 – 말하자면, 초기 빅토리아 시대의 사랑의 시 – , 일련의 권위와 규범적 이념들에 대한 자신의 일반문화의 희생을 망각해버리는 것과 관련된다면, 그러한 능력은 가치가 없는 것이다.

　예컨대 나의 특별한 관심사인 문학연구에 있어서 전문화란, 실제 경험들이 실질적으로 문학 작품의 형성으로 전환되는 역사적 의미는 더욱더 감소시키면서 그 대신 기술적 형식주의를 증가시키는 것을 의미한다. 이러한 전문화는 예술이나 지식을 형성하는 원래 그대로의 노력으로 볼 수 있는 시각을 상실하는 부정적인 것을 의미한다. 그러한 전문화의 결과로 당신은 지식과 예술을 선택과 결정, 의존과 협력으로서 볼 수 없게 되며, 단지 비인격적인 이론이나 방법론의 관점에서만 볼 수 있을 뿐인 것이다. 또한 문학에서 전문가가 되는 것은 역사, 음악, 또는 정치를 차단해 버리는 것을 의미한다. 결국 완전히 전문화된 문학분야의 지성인으로서, 당신은 소위 그 분야에서의 리더라고 하는 자들이 허용하는 것에 대해서는 무엇이든지 수용하고 길들여지게 된다. 또한 전문화는 당신으로부터 흥분과 발견의 느낌을 말살한다. 그러나 이러한 흥분과 발견의 느낌이야말로 지성인의 체질로부터 어찌할 수 없이 드러나게 되는 것이다. 최종적인 분석에서 볼 때, 나는 항상 전문화에 빠지는 것을, 다른 사람이 당신에게 말하는 것이 단지 당신의 전공이라는 이유만으로 실행하는 것을 포기하는 게으름이라고 생각해 왔다.

　만일 전문화가 모든 곳의 교육체제에서 나타나는 일종의 일반적인 수단적 압력이라 해도, 전후 세계에서는 전문성과 인증된 전문가에 대한 숭배는 더욱더 특별한 압력이 되고 있다. 전문가가 되기 위해서 당신은 적절한 권위체들로부터 인증받아야만 한다. 그들은 당신에게 올바른 언어로 말하고, 올바른 권위를 지닌 것을 인용하고, 올바른 영역을 지킬 것을 지시한다. 이것은 특히 민감하거나 또는 이윤이 큰 지식의 영역이 위기에 처할 때 분명하게 드러난다. 최근 "정치적 정확성"이라 불리는 것에 대한 상당한 논의가 전개되었다. 이러한 '정치적 정확성'이란 독립적으로 생각하기 보다는, 좌파주의자들의 비밀결사에 의해 설정된 규범에 따라 생각하는 학문적 인본주의자들에게 적용되는 음흉한 어구인 것이다. 즉 나는 그러한 좌파의 규범들이 사람들에게 개방된 방식으로 생각되는 것에 대한 논의를 가로막는 대신에, 인종차별주의, 성적 차별주의 등과 같은 것에 지나치게 민감한 것으로 생각해왔다.

그러한 정치적 정확성에 반대하는 캠페인이 주로 다양한 보수주의자들과 가족가치의 옹호자에 의해 수행되어 왔다는 것을 맞는 사실이다. 그러나 비록 그들이 말하고 있는 것의 일부는 약간의 장점이 있다 해도-특히 그들이 몰지각한 은어의 완전한 어리석음을 꼬집어내는 경우-, 그들의 운동은 군대, 국가안보, 외교 및 경제정책과 관련된 분야에서 보듯이 그들 자신의 것에 있어서의 놀라운 일치성과 정치적 정확함에 대해서는 모른 채 지나치고 있었다. 예를 들어 전쟁 직후 수년 동안 소련에 관한 한, 당신은 소련이 모든 악이라는 등등의 냉전의 전제들을 의문의 여지가 없이 받아들이도록 요구받았다. 그보다 훨씬 더 오랜 기간 동안인 대략 1940년대 중반부터 1970년대 중반까지도, 미국의 공식적인 이념은 제3세계에서의 자유란 그저 공산주의로부터의 자유를 의미하는 것으로만 생각했다. 그러한 생각은 사실상 어떤 도전도 받지 않은 채 군림했다. 그리고 그것은 '발전'은 비이데올로적인 것으로, 서방에서 파생되었고, 경제적 도약, 근대화, 반공산주의, 그리고 미국과의 공식적 동맹을 위한 일부 정치지도자의 헌신과 관련된 것으로서 사회학자, 인류학자, 정치학자, 그리고 경제학자의 군단들에 의해 끊임없이 정교화된 관념과 병행되었다.

미국, 그리고 영국, 프랑스와 같은 일부 동맹국들의 경우, 국가방위와 안보에 관한 이러한 견해들은 대개는 제국주의적 정책을 추구하는 것을 의미했다. 이러한 제국주의 정책의 추구에 있어서 자국 민족주의에 대한 군사적 대립과 무자비한 적대행위(항시 공산주의와 소련을 향하는 것으로 보여진)는, 값비싼 전쟁과 침략(베트남과 같이), 대학살과 침략에 대한 간접지원(인도네시아, 엘살바도르, 그리고 이스라엘과 같은 서방의 동맹들에 의해 수행된 것처럼), 그리고 기묘하게 왜

곡된 경제구조를 지닌 보호정권을 지원하는 등의 모습으로
나타나 엄청난 재앙을 초래했다. 이 모든 것에 동의하지 않
는다는 것은, 사실상 국가적 노력를 촉진시키도록 짜맞추어
진 전문가들에 의한 통제시장을 방해하는 것이나 다름없는
것이었다. 예컨대, 만일 당신이 발전이론과 국가안보에 대한
건강한 관점을 지닌 미국 대학 제도에서 훈련된 정치학자가
아니라면, 당신은 당신의 비전문성으로 인해 귀기울여 들어
주지도 않고, 어떤 경우에는 말하도록 허락되지도 않으며,
도전받게 될 것이다.

결국 전문성이라는 것은 엄격히 말하자면 지식과는 거의
관계가 없다. 노암 촘스키가 베트남 전쟁에 집중했던 일부
자료는, 인증된 전문가들certified experts5)에 의한 동일한
저술물보다도 그 범위와 정확성에 있어 훨씬 더 훌륭하다.
예컨대 촘스키가 의식적儀式的인 애국적 관념 - 그것은 "우
리"가 우리의 동맹들을 도울 것이라는 생각이나, "우리"가
모스크바 또는 북경의 사주를 받아 전복되는 것에 대항해서
자유를 방어한다는 생각을 포함한다 - 을 뛰어넘고, 미국의
행위를 지배했던 실질적인 동기를 다루었던 반면에, 국무성
에 말하고 자문하거나, 랜드재단Rand Corporation에서 일

---

5) 개별적이고 독립적인 지성인이 아니라 어떤 권위체로부터 자격증을 인
   증받은 기능적 지성인을 말하고 있다.

하도록 다시 요청받기를 원했던 인증된 전문가들은 그러한 영역을 절대로 벗어나지 않았다. 촘스키는 수학적 용어에 대한 상대적인 무지에도 불구하고 수학자들로부터 초대받은 언어학자로서 그의 이론들에 대해 말하는 방법을 이야기해왔고, 언제나 존경할 만한 관심을 받았다. 그러나 그가 미국의 외교정책을 역의 관점에서 재현하려 하면, 인정된 외교정책 전문가들은 그가 외교정책의 전문가로서의 증명서를 결여한 것을 이유로 그가 이야기하는 것을 막으려 한다. 그의 주장에 대한 어떤 논박도 제시된 것이 없다. 그저 그가 수용할 만한 논쟁이나 합의의 밖에 서 있다는 진술뿐이었다.

전문직업주의의 세번째 압력은 전문직업주의자들이 그들 내에서의 권한과 권위를 향해, 권력의 요구와 특권을 향해, 그리고 권력에 의해 직접 고용되는 것을 향해서 달려드는 불가피한 표류현상에 있다. 미국에서는 세계 패권을 두고 소련과 경쟁하고 있던 시기 동안에는 놀랍게도 국가안보라는 의제가 학문 연구의 우선순위와 성향을 결정지었을 정도였다. 비슷한 상황이 소련에서도 행해졌지만, 서방의 어느 누구도 소련에서의 자유로운 연구의 필요성에 대해서는 환상조차도 갖지 않았다. 우리는 그것이 의도했던 것을 이제 막 깨닫기 시작하고 있을 뿐이다. 즉 미국 국무성과 국방성은 과학과 기술 분야에 대한 대학의 연구를 위해 어떤 다른 단일의 기증

자보다도 더 많은 자금을 제공했다는 사실이 의미하는 것을
깨닫기 시작한 것이다. 이는 MIT와 스탠포드 대학에서는 현
저한 사실이다. 이들 두 대학은 미국 대학들 가운데 수십년
동안 가장 많은 금액을 제공받았다.

그러나 동일한 기간 동안 대학의 사회과학부와 인문과학부
가 동일한 일반적 의제에 대해 정부로부터 재정지원을 받은
것 역시 그러한 사례에 해당되는 것이라고 할 수 있다. 물론
이와 같은 것이 모든 사회에서 발생하고 있으나, 미국에서는
특히 두드러지는 사실이다. 그 이유는 미국에서 제3세계 – 주
로 동남아, 남미, 중동지역 – 의 정책을 지원하기 위해 수행
된 반게릴라 연구 가운데 일부의 경우는 은밀한 활동, 사보
타지, 심지어는 노골적인 전쟁에 직접적으로 적용되었기 때
문이라고 할 수 있다. 도덕성과 정의의 문제들은 그러한 계
약들이 충족될 수 있도록 뒤로 제쳐졌다. 그러한 계약으로서
전 세계의 다양한 사회를 붕괴시키는 것뿐 아니라, 그러한
붕괴가 발생하지 않도록 하는 방법을 연구하기 위해서 사회
과학자들에 의해 1964년에 군대를 위해 시작된 악명 높은 카
멜롯Camelot 프로젝트가 있다.

그러나 또한 이것이 전부는 아니다. 공화당이나 민주당과
같이 미국의 시민사회 내에서 권력을 집중시키는 것, 무기제
조산업, 석유, 담배 대기업들에 의해 이루어지고 유지되는

산업이나 특수이익을 위한 로비들, 록펠러Rockefeller, 포드 Fords, 멜론스Mellons에 의해 설립된 모든 거대 재단들의 정치적 의제는 물론 상업적 의제들을 더 깊이 진전시키기 위한 조사, 연구프로그램들을 수행할 목적으로 행한 학문적 전문가들의 고용 등의 많은 사례들이 있다. 이는 자유시장체계에서의 정상적인 행위로 간주되고, 유럽과 극동에 걸쳐서 모두 똑같이 일어나고 있는 것들의 한 부분이다. 전문직업적인 발전과 인정을 받는 것은, 안식휴가와 책 발간 지원금을 받는 것은 물론 그에 덧붙여, 두뇌 집단이 됨으로써 갖게 되는 연구 보조금과 특별회원 자격을 부여받는 등의 혜택이 따르게 되는 것을 의미한다.

지금까지 언급한 그러한 모든 체계는 공공연한 것이고, 내가 말해 온 바와 같이 일종의 자유민주 사회라고 하는 선진 자본주의 하에서의 행동을 지배하는 경쟁과 시장대응의 표준에 따라 용인되고 있다. 그러나 전체주의 정부체제하에서의 사상과 지적 자유에 대한 제약을 걱정하는 데에는 수많은 시간을 소비하면서도, 학문이 아니라 정부에 의해 설정된 목표에 기꺼이 참여한 정도에 의한 지적 순응을 보상하는 체계에서 야기되고 있는 지성인 개인에 대한 위협을 생각하는 데에는 까다롭지 못했다. 따라서 연구와 인증이 시장에서의 점유율을 더욱 확대하고 유지하기 위해 통제되고 있다.

달리 말해 계약을 맺고 상을 수여하는 전쟁이나 엄청난 규모의 사회복지계획의 현명성 여부에 대해 의문을 제기하고 도전하기 위해서 개별적이고 주체적인 지성인이 재현할 수 있는 공간이 일백년 전에 스티븐 디딜러스가 지성인으로서의 자신의 의무가 어떤 권력이나 권위에 전혀 기여 않는 것이라고 말할 수 있었던 상황에 비한다면 어마어마하게 위축되었다.

이제 나는, 우리들이 대학의 규모가 그다지 크지 않았고, 또 대학이 제공하는 기회들이 그렇게 풍성하지 못했던 시절을 회복해야만 한다고 말하는 일부 사람들이 갖고 있는 – 나는 오히려 감상적인 것으로 생각한다 – 그러한 제안을 하고 싶지는 않다. 내 마음에는 여전히 서구의 대학, 특히 미국의 대학이 분명히 새로운 제약과 압력하에 있음에도 불구하고, 사색과 연구가 계속 이루어 질 수 있는 유사類似 유토피아적 공간을 지성인에게 제공할 수 있다는 생각을 갖고 있다.

따라서 지성인에 대한 문제는, 그들이 그곳에 있지 않는 것처럼 가장하거나 그들의 영향력을 부정하는 방법에 의해서가 아니라, 여러 상이한 가치와 특권들을 재현함으로써 내가 계속 논의해 온 것인 오늘날의 전문직업화로 인한 침해문제를 다루어야 한다는 것이다. 이러한 것들을 나는, 이윤, 이기적인 것, 편협한 전문화가 아니라, 관심과 애정으로 충만된 행

동인 글자 그대로 아마추어리즘이라는 이름 아래에 묶고자
한다.

오늘날 지성인은 아마추어가 되어야만 한다. 아마추어란
한 사회의 사려 깊은 구성원이 되기 위해서, 자신의 나라와
그 권력, 그리고 다른 사회에 대한 것만큼의 그 나라 시민들
과의 상호작용 양식까지를 포함하는 가장 기술적이고 전문화
된 행동의 핵심에 대한 것까지도 도덕적 문제를 제기할 수 있
는 자격을 갖춘 것으로 보이는 사람이다. 더욱이 아마추어로
서 지성인의 정신은, 우리들 대부분이 겪고 있는 단순히 전
문화된 일상적 과정을 훨씬 더 활기 있고 근원적인 것으로 만
들고 변형할 수 있게 해준다. 즉 아마추어 정신은 해야할 것
으로 간주되는 것을 행하는 것이 아니라, 왜 그것을 해야 하
는가, 그것으로부터 누가 혜택을 받는가, 그것이 어떻게 개
인적 과제이자 근원적 생각들과 다시 연결될 수 있는가를 물
을 수 있게 하는 것이다.

모든 지성인은 청중과 주민을 가질 수 있다. 문제는 그러한
청중이 그 장소에서 만족해야 하고, 또 그렇게 함으로써 의
뢰인을 흡족하게 해야 하는가, 아니면 그 장소에서 도전이
제기되고, 그럼으로써 철저한 반대가 야기되고, 또 그 사회
가 더욱 훌륭한 민주적 참여로 이행되는가의 여부에 있다.
그러나 두 경우 모두 권위와 권력을 피할 수 없으며, 그러한

것과 지성인의 관계 또한 전혀 피할 수 없는 것이다. 지성인
은 어떻게 권위를 말하는가. 하나의 전문적인 탄원자로서인
가, 아니면 그것의 비수혜자로서인가, 아니면 아마추어적인
양심으로서인가?

5. 권력을 향해 진실을 말함

전문화와 전문직업주의, 그리고 지성인이 권력과 권위의 문제에 어떻게 대처하는가를 계속해서 조명해 보고자 한다. 베트남 전쟁에 대한 반대가 매우 시끄러워지고 널리 확산되기 이전인 1960년대 중반 무렵에, 일정수의 등록생만을 대상으로 하는 세미나의 수강승인을 희망하는 콜롬비아 대학의 나이들어 보이는 한 대학생이 찾아왔었다. 나에 대해 인상은 준 것은 그의 직업의 한부분이 그 학생이 베트남에서 공군으로 복무한 적이 있었다는 점이다. 그는 이야기를 나누는 과정에서 전문직업인─이 경우는 숙련된 파일럿─의 정신을 들여다 볼 수 있는 매혹적으로 섬뜩한 섬광을 나에게 던져주었다. 그것은 자신의 일에 대해 사용하는 그의 어휘가 '내부자'의 것으로 볼 수 있다는 점이었다. '당신은 공군에서 실질적으로 무엇을 했느냐?'라는 나의 집요한 질문에, 그는 '표적 포착'이라고 응답했다. 나는 그때 받은 충격을 결코 잊을 수 없을 것이다. 몇분이 지나고 나서야 그가 다름아닌 폭탄을 투하하는 폭격수였다는 것을 알 수 있었다. 그는 완전한 외부자들에게 보다더 직접적인 의미를 파악하는 것을 가로막고 신비화를 의도하는 전문직업적언어로 그것을 포장했던 것이다. 나는 어떻든 그를 세미나에 참여시켰다-아마도 그 이유는 내가 그를 주시할 수 있다는 것과, 또다른 유인요소로서는 소름끼치는 직업적 특수용어를 버리도록 그를 설득할 수 있다고 생각했기 때문이다. '표적 포착'이라는 말은 정말 소름끼치는 직업용어이다.

　이러한 문제를 좀더 조리 있고 일관된 방식으로 본다면, 정책형성의 위치에 근접해 있고, 직무, 봉급, 승진 등을 주거나 억제하는 종류의 수여권한을 통제할 수 있는 위치에 있는 지성인들이 있어서, 전문직업적으로 명령을 따르지 않는 개인들을 경계하고, 상급자로서의 시각에서 차츰차츰 논쟁과 비협조의 분위기를 조성하는 경향이 있는 것으로 생각해 볼 수 있다. 물론 이해할 수 있는 측면도 있다. 만일 당신은 일이 이루어지기를 바란다면-당신과 당신의 팀이 다음주까지 국무성이나 외무성에 보스니아에 대한 정책보고서를 제출해야 한다는 것을 놓고 이야기해 보자- 충성스럽고, 동일한 생각을 공유하고 있고, 동일한 언어로 말하는 사람들로 당신 자신을 둘러싸이게 할 필요가 있을 것이다.

이 강의에서 논하고 있는 종류의 일들을 재현하는 지성인들이 당신이 주로 기여하고, 권력으로부터 보상을 받는 그러한 전문직업인의 위치에 있게 된다는 것은, 나의 관점에서 볼때 지성인이 기여해야 하는 분석과 판단에 있어서, 비판적이고 상대적으로 독립적인 정신을 행사하는데 전혀 도움이 되지 않는다는 것을 항상 느껴왔다. 달리 보다 더 적절히 말한다면, 지성인이란 정부나 대기업, 심지어는 유사한 정신을 소유한 전문가 직업조합의 정책 목표에 철저히 헌신하는 관리나 피고용인이 아니라는 것이다. 그와 같은 상황에서는 도덕적 의식을 저버리게 하거나, 또는 전적으로 전문성 범주내에서 생각하도록 하거나, 조화에 대한 선호 때문에 회의론을 없애려는 유혹은 믿기지 않을 정도로 대단히 크다. 많은 지성인들은 이러한 유혹들에 철저히 굴복당하며, 어느 정도 우리 모두는 그렇게 된다. 어느 누구도 완전히 독립적이지 못하며, 심지어 가장 위대한 자유의 정신을 지닌 인물들의 경우도 그렇지 못하다.

나는 이미 상대적으로 지성적인 독립성을 유지하는 방법으로써, 전문직업인 대신에 아마추어의 태도를 갖는 것이 훨씬 더 좋은 길이라는 것을 제의해 왔다. 그러나 잠시동안 나를 실제적이고, 사적인 입장에 놓고 보기로 하자. 첫째로, 아마추어리즘은 전문가와 전문직업인들에 의해 통제되는 내부자 공간을 뛰어넘어 공공 영역 – 광범위하고 제한없이 발행되는 강좌, 책 또는 논문 – 의 위험들과 불확실한 결과들을 선택하는 것을 의미한다. 나는 지난 2년간 몇 차례에 걸쳐 대중매체로부터 유급의 컨설턴트가 되어줄 것을 요청받았다. 이것을 나는 거절했다. 유급 컨설턴트가 되는 것이 텔레비전 방송국이나 저널에 한정되고, 또 그러한 방송국이 쓰고 있는 현행의 정치적 언어와 개념적 틀에 제한되는 것을 의미했기 때문이다. 그와 똑같이 나는 결코 정부에 대해서, 또는 정부를 위해 유급의 컨설턴트를 하는 것에 대해서 어떠한 관심도 가진 적이 없었다. 당신은 정부에서 당신의 생각들이 후일 어떻게 이용될지 전혀 모를 것이다. 둘째로, 직접 지식을 전달하면서 사례금을 받는 것은 매우 다르다. 만일 어떤 경우 대학이 당신에게 공개강좌를 해줄 것을 요청하거나, 또 다른 경우 만일 당신이 오직 소수의, 그리고 한정된 관료 모임에서 말해줄 것을 요청받는다면 그것은 전혀 다른 문제인 것이다. 그것은 나에게 매우 명백해 보였다. 그래서 나는 대학 강의들을 항시 환영했고, 다른 것들은 언제나 거절했다. 그리고 셋째로, 보다 더 정치적으로 되기 위해, 내가 팔레스타인 집단으로부터 도움을 요청받거나, 남아프리카 대학으로부터 인종 차별정책에 대항하고 학문적 자유를 위해 방문해서 연설해 줄 것을 요청받았을 때는 언제나, 나는 그것을 의례히 받아들였다.

최종적으로, 나는 그러한 일들이 내가 믿는 가치와 원칙들에 적합하기 때문에, 지지를 능동적으로 선택할 수 있다는 명분과 생각에 의해 행동했다. 그렇기 때문에 나는 문학에서의 전문적인 훈련에 내 자신이 속박되는 것에 대해서는 생각하지 않았다. 그 결과 나는 단지 내가 현대 유럽과 미국문학을 가르칠 자격을 인증받았다는 바로 그 이유 때문에 공공정책의 문제들에서 내 자신을 배제할 수 있는 것이다. 나는 순수한 아마추어로서 나의 편협한 전문가적 경력을 훨씬 초월해야하는 책무에 의해 자극을 받기 때문에, 더 광범위한 문제들에 대해 말하고 글을 쓴다. 물론 나는 이러한 견해들에 대한 새롭고 더욱 광범위한 청중을 얻기 위한 의식적인 노력을 한다. 그렇지만 나는 강의실 내에서는 결코 그것을 드러낸 적이 없다.

그러나 이러한 순수한 아마추어가 사실상 본분을 떠나 공공영역으로 침범해들어가는 것은 어떤 부분인가? 지성인은 본원적이고 지역적이고 본능적인 충성 – 자신의 인종, 국민, 또는 종교 – 에 의해, 지성적 행동에 활기를 얻게 되는가? 또한 말하고 글쓰는 방법을 지배할 수 있고, 아마도 지배하고 있는 좀 더 보편적이고 합리적인 원리들이 존재하는가? 사실상, 나는 지성인에 대한 가장 기본적인 질문을 하고 있다. 지성인은 어떻게 진실을 말하는가? 어떤 진실을? 누구를 위해 그리고 어디에서?

불행히도 우리는 이러한 질문들에 대한 직접적인 대답들을 지성인들에게 충분히 제공할 정도의 광범위하고 확실한 어떤 체계나 방법도 없다는 것을 말하는 것에서부터 응답을 시작해야 한다. 세속적 세계—인간의 노력에 의해 이루어진 역사적이고 사회적 세계인 우리의 세계—에서, 지성인은 일을 하는데 오직 세속적 수단들만 갖고 있을 뿐이다. 반면에 계시와 영감은 사적인 삶을 이해하는 양식들로서는 완벽하게 쓸모있지만, 이론적인 성향을 지닌 남성과 여성에 의해 사용된다면, 그것은, 재앙이 되고, 심지어는 야만적인 것이라고 할 수 있다. 정말로 나는 지성인은 신성한 비전이나 성구聖句의 모든 수호자들에 대항하는 평생에 걸친 논쟁에 뛰어들어야 한다고까지 말하는 것이다. 그러한 수호자들의 약탈 행위는 무수히 많고, 그들의 가혹한 손길은 결코 어떤 불일치도, 다양성도 확실히 참아내지 못한다.

의견과 표현의 확고부동한 자유는 세속적 지성인의 주요 보루이다. 그것에 대한 방어를 포기하고, 그 토대의 어떤 것에 대한 조작을 용인하는 것은 사실상 지성인의 소명을 배신하는 것이다. 이는 바로 살만 루시디Salman Rushdie의 『악

마의 시Satanic Verses』를 옹호하는 것이, 저널리스트, 소
설가, 수필가, 시인, 역사가들의 표현의 권리 그 자체를 위해
서, 그리고 그러한 표현의 권리들에 대한 다른 모든 침해에
대항하기 위해서라는, 두 가지 점에서 매우 절대적인 핵심적
이슈가 되는 이유인 것이다.

그리고 이러한 것은 이슬람 세계의 사람들뿐 아니라, 유태
교와 기독교 세계의 사람들의 문제이기도 하다. 표현의 자유
는 한 영토에서는 차별적으로 추구되면서, 다른 곳에서는 무
시될 수 없는 것이다. 신성한 교의를 옹호하는 세속적 권리
를 주장하는 권위체가 존재하는 모든 곳에서 토론이란 전혀
있을 수 없다. 그러나 지성인에게는 집요한 논쟁의 추구가
활동의 핵심이며, 그러한 논쟁은 또한 계시를 갖고 있지 않
는 지성인들이 실제로 행동하는 바로 그 무대이고 배경인 것
이다. 그러나 우리는 출발점으로 되돌아야 된다. 지성인은
어떤 진실과 원칙을 방어하고, 지지하고, 재현해야 하는가?
이는 곤란한 경우에는 그 일에서 자신의 손을 씻는 방법인 폰
티어스 필레이트Pontius Pilate의 문제는 전혀 아니지만, 오
늘날 지성인이 서있는 장소와, 지성인들을 둘러싸고 있는 방
심할 수 없고 알 수 없는 지뢰밭을 조사하기 위한 불가피한
출발이다.

하나의 출발점으로서 지금까지 극도로 논쟁적 문제였던 객

관성, 정확성, 사실들의 문제를 모두 다루어보자. 1988년 미국의 역사가 피터 노빅Peter Novick은 엄청난 분량의 책을 펴냈는데, 그 책의 제목은 당혹스러움을 훌륭하게 효율적으로 극화하고 있다. 그것은 『고귀한 꿈The Noble Dream』이라는 제목으로 『'객관성 문제'와 미국의 역사 교수The 'Objectvity Question' and the American Historical Professor』라는 부제가 붙은 책이다.

노빅은 1세기 동안에 걸친 미국 역사 편찬사업에서 얻은 자료들을 이용하여, 역사 연구의 모든 요점 – 역사가가 사실들을 가능한 한 사실적이고 정확하게 표현하기 위한 기회를 포착하는 객관성의 이념 – 이 주장과 반박의 진흙탕 싸움으로 점차 빠져들어가고 있고, 또 그 모든 것들이 객관성이라는 가장 단순한 치부가리개에 관한 역사가들의 어떤 합의의 외형마저 손상하고 있으며, 대개는 완전히 상실하고 있음을 보여주고 있다. 객관성은 전쟁의 시기에 '우리의'로서 기여해야만 해왔다. 즉 파시스트 독일에 반대하는 미국은 진실이라는 것이다. 평화시에는 각기 경쟁하는 각 집단 – 여성, 아프리카계 미국인, 아시아계 미국인, 동성연애자들, 백인 남성들 등등 – 과 각 학파들(마르크스주의자, 기득권층, 해체주의자, 문화론자)의 객관적 진실이라는 것으로서 기여했다.

노빅은 그러한 지식을 떠들어댄 후, 어떤 가능한 수렴이 있을 수 있는지를 묻고는, 다음과 같이 통탄스러운 결론을 내린다. 하나의 광범위한 담론의 공동체로서, 공통의 목적, 공통의 표준, 공통의 의도에 의해 결합된 학자 공동체로서 역사학의 학문 분야는 존재하지 않게 되었다…(역사) 교수는 성경책 사사기the Book of Judges의 마지막 귀절에 묘사된 것 같이 되었다. 그 당시에 이스라엘에는 어떤 왕도 없었다. 모든 남성은 그 자신의 눈에 옳다고 보이는 것을 행했다.[35]

바로 앞 장의 강의에서 언급했듯이, 우리 세기의 주된 지성적 행위들 가운데 하나는, 권위를 훼손할 정도는 아니라 해도, 의문을 제기하는 것이었다. 노빅의 연구 결과에 덧붙여서, 우리는 객관적 실체를 구성하는 것에 대한 합의가 사라졌다는 사실은 물론, 신神을 포함한 수많은 전통적 권위들 또한 거의 깨끗이 일소되었다는 사실을 말해야만 할 것이다. 한 영향력 있는 철학 학파가 있다. 그들 가운데 대단히 유명한 위치에 있는 미셸 푸코는, 일단 어떤 작가에 대해 말을 하게 되면 ('밀튼Milton의 시를 쓴 작가'라는 표현처럼), 그것이 이데올로기적으로 과장된 설명까지는 아니어도 고도로 의도적인 것이라고 말한다.

그러나 이러한 대단히 가공할만한 공격에 직면해서, 세계적 신보수주의 운동의 특징인 전통적 가치를 강력히 다시 주장하든지 아니면 손을 비비꼬는 무기력함으로 회귀하든지 하

는 일은 없을 것이다. 객관성과 권위에 대한 비판이 세속적
세계에서 인간이 진실을 어떻게 구축하는지를 강조함으로써
긍정적인 기여를 수행했다는 말은 옳다고 생각된다. 예컨대
고전적 유럽 식민제국들에 의해 구축되고 유지된 백인 남성
의 우월성이라는 소위 객관적 진실은, 아시아 아프리카 국민
에 대한 폭력적 정복에 의존한 것이라는 말 역시 옳은 것이
며, 또한 아시아 아프리카 국민들이 그들 자신의 독립된 질
서를 제공하기 위해 그렇게 유럽식민제국들에 의해 특별하게
부여된 '진실'에 대항하여 투쟁했다는 말도 마찬가지로 옳
은 것이다. 이렇듯 이제는 모든 사람이 그 세계의 새롭고, 또
대개는 극명하게 반대되는 견해들을 제시하고 있다. 사람들
은 유태교와 기독교의 가치들, 아프리카 중심의 가치들, 이
슬람의 진실들, 동양의 진실들, 서방의 진실들에 대한 끝없
는 이야기를 듣고 있으며, 이들 각각은 모든 다른 가치와 진
실들을 배제하기 위한 완전한 프로그램을 제공하고 있다. 이
제는 해외의 어디에서나 어느 한 체제가 다룰 수 있는 것보다
더욱더 편협하고 귀에 거슬리는 독단이 존재하고 있다.

그 결과는 보편성의 극명한 부재이다. 물론 매우 자주 수사
적으로, 예컨대 '우리의' 가치들(그것들이 무엇이건 간에)은
사실상 보편적이라는 식으로 제시되고 있기는 하다. 모든 지
성적 화제 가운데 가장 비열한 것 중의 하나는 다른 어느 누

구의 문화를 모독하며 거드름을 피우고, 똑같은 동일한 자기의 경우에 대해서는 변명하는 것이다. 나는 이에 대한 가장 고전적 사례를 19세기 프랑스의 유명한 지성인 알렉시스 드 토크빌Alexis de Tocqueville로부터 찾을 수 있었다. 그는 우리 대다수에게 고전적 자유주의와 서구 민주주의의 가치를 믿도록 했고, 이들 가치들을 거의 문자그대로 충실히 입증했다. 토크빌은 미국에서 민주주의에 대한 조사를 저술하고, 미국의 인디안과 흑인 노예의 학대를 비판했다. 그는 후에 뷔고 사령관Marshall Bugeaud의 통치하에서 프랑스 점령군이 알제리 회교도에 대한 야만적인 진압 전쟁을 수행했던 1830년대 말과 1840년대 기간 동안 프랑스의 알제리에 대한 식민정책들을 다루었다. 그러나 누구나 알제리에 대한 토크빌의 글을 읽으면 알 수 있듯이, 갑자기 그는 미국의 나쁜 행위를 인도적으로 항변했던 바로 그러한 규범들을 프랑스의 행위들에 대해 적용하는 것을 중단해버렸다. 그렇다고 그가 이유를 말하지 않은 것은 아니다. 그는 이유를 말한다. 그렇지만 그것들은 그가 소위 국가적 긍지라고 부르는 것의 이름으로 프랑스 식민주의를 인정하기 위한 목적을 지닌 절름발이식의 정상참작에 지나지 않는다. 대량학살에 대해서도 그는 요지부동이다. 즉 그는 회교도는 열등한 종교에 속하고 통제되야만 한다고 말하고 있다. 요컨대, 미국에 대해 그가

묘사한 명백한 보편주의는 부정되었고, 그 자신의 나라인 프
랑스가 유사한 비인도적 정책을 추구하고 있음에도 불구하
고, 자신의 나라에 대한 적용에는 의도적으로 거부하고 있는
것이다.[36]

그러나 토크빌(그리고 그 문제에 대해 존 스튜어트 밀John
Stuart Mill을 보면, 그는 그가 말한 영국에서의 민주주의적
자유에 관한 그의 훌륭한 생각을 인도에는 적용하지 않았다)
이 살았던 시기는 국제적 행동의 보편적 규범에 대한 이념들
이, 사실상 다른 국민에 대한 유럽인의 권력과 유럽인의 재
현에 대한 권리가 지배적이고, 따라서 세계의 비非백인 국민
은 쓸모없고 부차적인 것으로 생각되었던 기간이라는 사실이
추가되야만 할 것이다. 더욱이 19세기 서구인들에 따르면 식
민지 군대에 의해 일방적으로 검은 또는 갈색 피부를 지닌 인
종들에게 적용된 법의 가혹한 야만적 행위에 도전할 어떤 유
력한 독립적인 아프리카나 아시아 국민들도 존재하지 않았
다. 피지배 상태가 그들의 운명이었다. 프란츠 파농, 에메 세
제르Aime Cesaire, 그리고 C. L. R. 제임스—세명의 위대한
반제국주의 흑인 지성인들이라 언급할 수 있는—는 20세기
가 되어서야 삶을 살고 글을 썼다. 따라서 식민화된 국민들
이 정치 문화적으로 동등한 처우를 받을 권리를 확립하는데
있어서 그들과 그들의 식민지 해방운동이 성취한 것들은 토

크빌이나 밀에게 적용될 수 없었다. 그러나 이러한 변화된 시각들은, 당신이 기본적인 인간의 정의를 유지하기를 원하는 경우, 당신의 편, 당신의 문화, 당신의 국가가 허락을 명하는 국민들에게만 선택적으로 적용해서는 안된다는 자명한 결론을 끌어내지 못하고 있는 대부분의 현대 지성인들에게 이러한 변화된 시각들은 적용될 수 있는 것이다.

그렇기 때문에 근본적인 문제는 자신의 정체성과 자신의 문화, 사회, 그리고 역사의 실재를, 타자의 정체성, 문화, 국민들의 실재와 어떻게 조화시키는가에 달려 있는 것이다. 이는 이미 자신의 소유가 된 것에 대한 자신의 선호를 단순하게 주장해서는 결코 이루어질 수 없는 것이다. "우리의" 문화의 영광들 또는 "우리의" 역사의 승리들에 대한 과대선전은 지성인이 에너지를 쏟아부을 가치가 없는 것이며, 특히 어떠한 환원적 방식에도 서항할 수 있을 정도로 수많은 사회들이 상이한 인종과 배경들로 구성된 오늘날에는 그럴 만한 가치가 더욱 없는 것이다. 내가 여기에서 보여주려 했던 바와 같이, 지성인들이 재현하는 공공영역은 지극히 복잡하고, 그리고 불편한 모습을 내포하고 있다. 그러나 그러한 영역에 대한 효과적 개입의 의미는, 국가와 개인들 간의 차이를 허용하면서, 동시에 은폐된 계층, 선호, 평가에 의탁하는 일이 없이, 정의와 공정성의 개념에 대한 지성인의 확고한 신념에 의존해야 한다는 것이다. 오늘날 어느 누구나 모두를 위한 평등과 조화라는 자유주의적인 말을 공언하고 있다. 지성인에 대한 문제는 한편으로는 평등과 정의를 말하면서도, 다른 한편으로는 전혀 교화되지 못한 현실 사이의 괴리가 매우 큰 곳에서, 그러한 자유와 조화의 관념을 실제적 상황으로 육성하는 것이다.

이러한 말과 현실의 괴리 현상은 국제 관계에서 가장 쉽게 목격되고 있으며, 바로 그것이 이 강좌에서 그것들을 그렇게도 많이 강조했던 이유인 것이다. 최근의 두 가지 사례는 내가 생각하던 것을 보여주고 있다. 이라크의 쿠웨이트에 대한 불법적 침략이 있은 직후 서방에서의 공공연한 논쟁은, 극도로 잔인무도한 방법으로 쿠웨이트의 존재를 말살시키려 하는 침략을 용납할 수 없다는 것에 초점이 맞추어졌다. 그런데 미국의 의도가 실질적으로 이라크에 대해서 군사력을 사용하는 것으로 명백하게 드러나자, 공공연한 수사적 표현은 이라크에 대한 제제와 군사력사용의 가능을 요구하는 해결 조항 ─유엔 헌장에 기초해서─을 보장하고 있는 안건을 유엔에서 처리하는 것을 고무시키는 쪽으로 옮겨졌다. 이라크의 침략과 그에 뒤이은 거대한 미 군사력을 사용하는 사막의 폭풍 작전 양쪽 모두에 반대한 소수의 지성인들 가운데, 내가 아는 바로는 어느 누구도 어떠한 증거도 들이대지 못했고, 미국의 침입에 대해 이라크를 실질적으로 변호하려는 어떤 시도도 하지 않았다.

그러나 정확하게 주목되었던 것은, 막강한 힘을 지닌 부시 행정부가 반격이 시작된 1월 15일 이전에 협상을 통한 점령지 회복의 수많은 가능성을 무시하면서 유엔이 전쟁을 향해 나아가도록 압력을 가하고, 그리고 미국 그 자신과 가까운 동맹국들의 일부가 개입된 자신들의 다른 불법적 점령과 영토 침입에 대한 또 다른 유엔의 해결책에 대해 토론을 거부했던 당시에 이라크에 대한 미국의 입지가 실로 엄청나게 위축되었다는 점이다. 물론 미국에 관한 한 걸프만에서의 실질적인 이슈는 오일과 전략적 힘이었지, 부시 행정부가 공언한 원칙들은 아니었다. 그러나 일방적으로 무력에 의해 획득된 영토[1]의 용인불가능성이 반복되는 가운데, 그 나라 전역에 걸친 지성적 논쟁을 타협으로 이끈 것은 이념의 보편적 적용의 부재였던 것이다.[2] 전쟁을 지지했던 수많은 미국의 지성인들에게는 미국이 아주 최근 파나마Panama 주권국가를 침입하고 잠시 동안 점령했다는 사실은 완전히 간과되었다. 이라크를 비판한다면, 바로 그 이유로 미국도 같은 비판을 받아야 된다는 것을 지적해야 되는 것 아닌가? 그러나 아니다.

---

1) 당시 이라크에 의해 점령된 쿠웨이트이다.
2) 즉, 그러한 불법적 영토획득에 대한 용인불가능성의 토론에서 미국은 예외였던 것이다.

즉 '우리'의 동기는 좀 더 높은 것이고, 사담Saddam은 히틀러Hitler와 같았다. 반면 '우리'는 주로 이타적이고 탈이해관계적인 동기에 의해서 움직였고, 그렇기 때문에 이것은 정당한 전쟁이었다라는 식이다.

또한 소련의 아프가니스탄 침공이 똑같이 잘못된 것이고, 똑같이 비난받아야 한다는 문제를 생각해 보자. 그러나 이스라엘과 터키와 같은 미국의 동맹국들은 러시아가 아프가니스탄으로 이동하기 이전에, 이미 불법적으로 영토들을 점령한 적이 있다. 유사하게 또다른 미국의 동맹인 인도네시아는, 1970년대 중반 동안 불법적인 침공으로 문자 그대로 수십만 명의 티모르인Timorese을 대량학살 했었다. 미국이 동 티모르East Timor 전쟁의 공포들을 알았었고 지원했었다는 것을 보여주는 증거가 있다. 그러나 소련의 범죄행위에 항상 바쁜 미국의 지성인들의 경우 그러한 사실에 대해 말한 자는 거의 없었다.[37] 인도차이나에 대한 미국의 엄청난 침공은 적절한 시기에 배후로부터 불쑥 나타나, 소규모의, 주로 비틀거리고 있는 소작농 사회에 대한 철저한 파괴를 행했다. 여기에서 원칙은 미국의 외교, 군사 정책의 직업적 전문가들의 경우는 자신들의 관심을 베트남이나 아프가니스탄에서의 다른 초 강대국과 그 대리 세력들에 대한 전쟁에서 승리하기 위한 것에 국한하는 것이고, 우리 자신의 비행은 겉으로만 저주받아야 한다는 것이었던 듯하다. 그러한 것이 바로 현실정치의 방식들이다.

틀림없이 그렇다. 그러나 나의 요점은 다음의 것에 있다. 객관적 도덕적 규범들과 지각있는 권위로서 보였던 것이 소멸됨으로써, 이미 혼돈에 빠진 시기에 살고 있는 오늘의 지성인들에게, 자기 나라의 행위를 맹목적으로 지지하면서도 그 죄악은 간과하거나, 아니면 "나는 그들 모두가 그것을 행하고 있다고 믿는다. 그리고 그것은 세계의 방식이다"라고 더욱 무기력하게 말하는 것을 단순히 받아들일 수 있는 것인가에 대한 문제이다. 그러한 것 대신에 우리가 반드시 말할 수 있어야 하는 것은, 지성인들이 극도의 결함을 지닌 권력에 대해 자신들이 아첨스러운 봉사를 함으로써 변절되는 전문직업인들이 아니라, ―되풀이 하면― 실질적으로 권력을 향해 진실을 말할 수 있는 대안적이고 더욱 원리원칙화된 입장을 지닌 지성인들이 되어야 한다는 것이다.

그러한 것을 통해 여기에서 내가 누구든지 죄에 물들어 있고 기본적으로 사악하다고 선언하는, 구약성서에서처럼 장엄한 목소리를 내고자 하는 것은 아니다. 나는 훨씬 더 겸손하고 대단히 효과적인 어떤 것을 의도하고자 한다. 국제적 행위의 기준을 옹호하고 인권을 지지하는 데 일관성을 이야기하는 것이 영감이나 예언적 직관에 의해 어떤 사람에게 제

공되는 유도등을 찾기 위해 정신의 내면을 들여다보는 것은
아니다. 전부는 아니라 해도 세계 대부분의 나라들은 1948년
에 채택해서 선포했고, UN의 모든 신입 회원국에 의해 재확
인된 세계인권선언의 조인국들이다. 마찬가지로 전쟁의 규
칙, 죄수의 처우, 근로자, 여성, 아동, 이민자와 난민들의 권
리에 대한 엄숙한 협약들이 있다. 이들 문헌들의 어느것도
자격이 없거나, 덜 평등한 인종이나 국민들에 대해서는 어떤
것도 말하지 않고 있다. 모든 사람은 동등한 자유를 부여받
았다.[38] 물론 이러한 권리들은 보스니아의 집단대학살이 입
증하듯이 그날그날 기준에 따라 침해되고 있다. 미국, 이집
트 또는 중국정부의 관리에게는 이러한 권리들은 기껏해야 '
실무적'으로 보일 뿐 일관성 있게 보이지 않는다. 그러나 그
것은 권력의 규범들이지, 정확하게 지성인의 것은 아닌 것이
다. 지성인의 역할은 적어도 이제 전 세계공동체에 의해 문
서화되어 이미 집단적으로 수용된 동일한 행동의 표준과 규
범을 적용하는 것이다.

물론 지성인이 자신의 국민에 대해 애국심과 충성심을 가
져야 한다는 문제는 있다. 그리고 지성인은 물론 매우 정확
하게 고안된 법률과 규칙들을 총체적으로 내팽개쳐 버리는
단순히 기계적으로 행동하는 인간은 아니다. 그리고 개별적
인 목소리로서 자신의 시기, 관심, 능력에 대한 두려움과 정

상적인 한계는 무서운 효율성으로 작용한다. 그러나 우리가 객관성을 구성하는 것에 대한 합의의 소멸을 몹시 애석해 하는 것이 당연하다고 해도, 우리가 똑같이 제멋대로의 주관에 의해 철저히 표류하지는 않는다. 전문직업이나 국가성(내가 이미 말한) 안으로 도피하는 것은 그저 피난에 지나지 않는다. 즉, 우리 모두가 아침 뉴스를 읽으면서 받는 자극에, 답하는 것은 아니다.

어느 누구도 항상 모든 이슈에 대해 거리낌 없이 말할 수는 없다. 그러나 나는 우리 자신의 사회에서 구성되고 권위화된 권력들에게 말해야 하는 특별한 의무가 있다고 믿는다. 특히 그러한 말하기는, 균형을 잃은 부도덕한 전쟁에 행사되거나, 차별, 억압, 그리고 집단적 잔인성의 교묘한 프로그램들에 행사되는 경우, 그 시민에게 책임을 져야 한다는 것을 의미한다. 이 책의 둘째 장의 강좌에서 말했듯이 우리 모두는 국가의 경계 내에서 살고, 우리는 국어를 사용하고, 우리는 우리의 국가 공동체를 향해 (대부분의 시간을) 말을 한다. 미국에 사는 지성인이 직면하는 하나의 현실이 있다. 즉, 우리나라가 무엇보다 매혹적인 자원과 성취된 업적을 갖고 있는 지극히 다양한 이민사회라는 사실이다. 그러나 미국은 또한 무시될 수 없는 가공할 정도의 내적 불평등과 외적 개입들을 내포하고 있는 사회다. 나는 모든 지역의 지성인들에 대해 말

할 수는 없지만, 확실히 그 기본적 요점은 다른 나라에서 그
해당 국가가 미국과 같이 세계적 강대국이 아니라는 차이점
을 갖고 있을 뿐 여전히 적실성을 갖는다고 본다.

이러한 모든 사례에서 볼 때, 어떤 상황 속에서의 지성적
의미는, 이미 알려지고 유용한 사실들을 역시 이미 알려지고
유용한 규범과 비교함으로써 찾을 수 있는 것이다. 이것은
쉬운 일이 아니다. 그 이유는 통상적으로 단편적이고, 분리
적이고, 반드시 흠이 있게 마련인 정보가 제공되는 방법을
극복하기 위해서 문헌검토, 연구, 정밀조사 등이 요청되고
있기 때문이다. 그러나 나는 대부분의 경우 사실상 대학살이
자행되었는지 또는 공식적 은폐가 행해졌는지를 확인하는 것
은 가능하다고 믿는다. 그 첫번째의 절대적 과제는 무엇이
발생했는지를 찾고, 그런 다음 왜 그런 것이 일어났는지를
찾는 것이다. 그것은 고립된 사건들로서가 아니라, 그 한 행
위자로서 자신의 국가도 포함하는 광범위한 상황 속에서 전
개되고 있는 역사의 부분으로서 발생 이유를 찾는 것이다.
변명자, 전략가, 기획가들에 의해 수행된 표준외교정책분석
의 모순은, 그러한 정책분석이 타자는 어떤 상황의 대상으로
서 집중적으로 보고, '우리'의 개입과, 그것이 저질러 놓은
것은 거의 집중적으로 조명하지 않는 데에 있다. 더욱이 그
러한 정책분석은 도덕적 규범에 근거해서는 좀처럼 비교되지

않는다.

우리의 것과 같이 관리되는 대중사회에서 진실을 말하는 목적은, 주로 이미 알려져 있는 사실들에 적용되는 일련의 도덕적 원칙들-평화, 화해, 고통의 경감-에 더욱 밀접하게 부합하는 것과 더 좋은 상태를 고안하는 것에 있다. 이는 미국의 실용주의 철학자인 피어스C. S. Pierce에 의해 불명추측식abduction으로 불려졌고, 이 시대의 훌륭한 지성인 노암 촘스키에 의해 효과적으로 활용되어 왔다.[39] 글을 쓰고, 말하는데 있어서 확실히 지성인의 목표는, 모든 사람에게 지성인이 얼마나 옳은가를 보여주는 데에 있는 것이 아니라, 오히려 도덕적 토양의 변화를 유인하려는 시도에 있으며, 그것에 의해서 침략도 똑같은 시각에서 보게 되고, 국민이나 개인에 대한 불공정한 처벌이 방지되거나 포기되고, 권리와 민주적 자유의 인정이 차별적으로 선택된 소수가 아니라 모든 사람의 규범으로 설정되는 것에 있다. 그러나 명백히 이러한 것들은 이상적이고, 대개는 실현될 수 없는 목표이다. 그리고 어떤 의미에서 그것들은 내가 말한 바와 같이, 반드시 그런것은 아니라해도 그러한 경향이 물러서거나, 단순히 규칙을 따르는 것에 그친다면, 여기에서 지성인의 개인적 역할수행이라는 나의 주제와는 직접적인 관련성이 없는 것이다.

나의 관점에서는 지성인에게 회피를 야기하는 습성보다 더 비난받아야 될 것은 없다고 본다. 이러한 습성은 옳다고는 알고 있으나, 행동을 취하지 않는 것으로 결정하게 됨으로써, 힘들고 원리원칙화된 위치로부터 회피해버리는 특성을 갖는 것이다. 당신은 너무 정치적으로 드러나는 것을 원하지도 않는다. 즉, 당신은 논쟁적으로 보이는 것을 두려워한다. 당신은 보스나 권위있는 인물의 승인을 필요로 한다. 당신은 균형 잡히고, 객관적이고, 온건하다는 평판을 얻기를 바란다. 당신의 희망은 다시 요청받고, 자문하고, 이사회나 명예스러운 위원회에 참여하는 것이다. 그래서 책임 있는 주류대열의 안에 남는 것이다. 어느날에 가서는 당신은 명예로운 지위, 큰 상, 아마도 대사직까지도 얻기를 희망할 것이다.

지성인에게 있어서 이러한 습성들은 특히 한층 현저하게 부패해 가고 있다. 만일 어떤 것이 정열적인 지적인 삶을 변질시키고, 중립화시키고, 마침내는 말살한다면, 그것은 그러한 습성이 내면화되어 버린 것을 의미한다. 개인적으로 나는 오늘날의 모든 이슈들 가운데 가장 힘든 것의 하나인 팔레스타인 문제속에서 그러한 것들과 맞닥뜨려 왔다. 팔레스타인에서는 현대사에 있어서 가장 큰 부정의 하나에 대해 거리낌 없이 말하는 것에 대한 두려움이, 진실을 알고 진실에 기여할 수 있는 위치에 있는 많은 사람들을 더듬거리게 하고, 못본 체하게 하고, 입을 막아 온 것이다. 팔레스타인 사람의 권리와 자결에 대해 거리낌없이 말하는 모든 지지자들은 비록 그것으로 인해 모욕과 비방을 받고 있음에도 불구하고 진실은 두려움을 모르고 온정적인 지성인들에 의해 말하고 재현될 가치가 있는 것이다. 이는 팔레스타인 해방기구PLO와 이스라엘 사이에 1993년 9월 13일에 조인된 오슬로 선언Oslo Declaration의 원칙들의 결과에 의해 더욱더 진실로 드러났다. 이러한 극히 제한된 타결로부터 산출된 커다란 도취감은, 팔레스타인의 권리를 보장하기는커녕, 결과적으로 그 문서가 사실상 점령 영토에 대한 이스라엘의 통제를 연장하도록 보장하고 있다는 사실을 모호하게 만들어 버렸다. 이것을 비판한다는 것은 사실상 '희망'과 '평화'에 반대하는 입장을 취하는 것을 의미했다.[40]

그리고 최종적으로 지성인의 개입 양식에 관해 말하고자 한다. 지성인은 산이나 연단을 오르지도 않고 높은 곳에서 열변을 토하지도 않는다. 분명히 당신은 최선으로 들릴 수 있는 당신의 견해를 말하고자 원한다. 그리고 또한 당신은 진행중이고 실질적인 처리방법으로, 예컨대 평화와 정의를 대의명분으로 영향을 미치는 것과 같은 방법으로 그것이 재현되기를 원한다. 옳다. 지성인의 목소리는 외롭다. 그러나 그 목소리는 운동의 실체, 국민의 열망, 공유된 이상의 공동

추구와 자유롭게 관련되기 때문에 공명을 갖는 것이다. 기회
주의는 서구에서, 예컨대 팔레스타인의 테러나 극단성에 대
해 총체적 비난을 수없이 팔레스타인을 확실하게 비난하고,
그런 다음 계속해서 이스라엘의 민주주의를 찬양할 것을 지
시하고 있다. 그런 다음 당신은 평화에 관해 무슨 좋은 점을
말해야만 한다. 물론 지성인의 책임은 팔레스타인 사람들에
대한 모든 것을 말해야 하는 것이다. 그러나 그것은, 가장 취
약하고 쉽게 치명타를 당하는 정당에 대한 것이 아니라, 팔
레스타인 사람의 자유에 대한 이념과, 모든 관련된 테러와
극단주의로부터의 자유를 증진시킴으로써, 당신이 가장 잘
영향을 미칠 수 있는 이슈들이 있는 뉴욕, 런던, 파리에서 당
신의 주요 요점을 분명히 하는 것이다.

　권력을 향해 진실을 말하는 것은 팽글로시안Panglossia
n[3]의 이상주의는 아니다. 그것은 대안들을 심사숙고하여 비
교형량 하는 것이고, 옳은 것을 선택하고, 그런 다음 가장 최
선의 것을 행할 수 있고, 올바른 변화를 가져올 수 있는 곳에
서 진실을 지성적으로 재현하는 것이다.

---

3) 볼테르Voltaire의 소설『캉디드Dagide』(1759)에 나오는 주인공 캉디
　드의 가정교사로 "모든 것은 최선의 상태에 놓여 있다"라고 가르치는
　낙천가이다.

6. 언제나 실패하는 신神들

그는 내가 1978년 어느 땐가 서방에서 처음으로 소개받은 대단히 유창한 언변의 카리스마적인 이란 출신의 지성인이었다. 그는 상당한 업적과 학식을 쌓은 저술가이자 교사로서 샤Shah[1]의 비대중적 통치와, 샤 직후 같은 해 말 테헤란에서 정권을 잡은 새로운 인물들에 대한 정보를 널리 알리는 데 중요한 역할을 했었다.

그는 당시 이맘 호메이니Imam[2] Khomeini에 대해 존경스럽게 말했는데, 얼마되지 않아 호메이니 주위의 비교적 젊은 인물들과 가시적인 친교를 맺게 되었다. 그러한 호메이니 주위의 젊은 인물들은 물론 회교도였지만, 아불 핫산 바니 사드르Abol Hassan Bani Sadr와 사데크 고투부자데흐Sadek Ghotbzadeh와 같은 분명히 호전적인 이슬람교도들은 아니

---

1) 이란 등지의 국왕의 존칭.
2) 회교의 교주를 가리키는 칭호.

었다.

이란의 이슬람 혁명이 그 나라 내부의 권력을 공고화한 몇 주 후, 나와 면식있던 그 사람(그는 새 정부의 수립을 위해 이란으로 돌아갔었다)은 중요한 세계중심도시 핵심부의 대사가 되어 서방으로 돌아왔다. 나는 샤 왕조가 몰락한 이후 그와 함께 중동에 대한 토론에 참여하였고, 한두번은 직접 토론에 나서기도 했던 것을 기억한다. 나는 매우 길었던 인질위기(미국에서 그렇게 불려지었듯이) 동안 그를 주목했는데, 그는 대사관을 접수하고 50명 정도의 민간인 인질들을 붙잡았던 불한당들에 대해 변함없이 우려와 더 나아가 분노까지 표현했었다. 내가 그에 대해 가졌던 영락없는 인상은 그가 스스로 새 질서에 가담하고, 충성스러운 해외 외교사절로서 새 정부를 옹호하고 그것을 위해서 일까지 했던 당당한 인물이라는 것이었다. 나는 그를 철저한 회교도이지만 결코 광신자는 아닌 것으로 알았다. 나는 그가 자기 정부에 대한 회의론과 공격을 막아내는 데 능숙한 솜씨를 보였다. 그는 확신에 차고, 적절한 분별력을 갖고 그런 일을 처리 했다고 생각했었다. 그러나 그는 이란 정부 내의 자신의 일부 동료들과 견해를 달리했고, 모든 상황을 대단히 유동적으로 보았을지라도, 이슬람교 교주 호메이니가 이란의 권위 그 자체이고 또 당연히 그래야만 된다는 것에는 어떤 의심의 여지도 갖지 않았었다 - 어떻든 나에게는 그렇게 보였다. 그는 언제가 베이루트에 왔을 때 나에게 팔레스타인 지도자가 호메이니 교주를 비난했기 때문에 그와 악수하는 것을 거절했었다고(이는 팔레스타인 해방기구PLO와 회교 혁명정부가 동맹관계였던 시기의 일이다) 말했던 충성주의자였다.

나는 1981년 초 인질들이 석방되기 불과 몇달 전에 그가 대사직을 사임하고 바니 사드 대통령의 특별보좌관으로 이란으로 되돌아간 것으로 생각한다. 그러나 대통령과 교주 사이의 서로 반목하는 노선은 이미 팽팽한 긴장상태를 보였고, 그 결과는 대통령의 당연한 패배였다. 호메이니에 의해 대통령직에서 해임, 축출된 직후 바니 사드는 추방되었다. 내 친구는 실제로는 이란을 탈출하는데 어려운 시기에 처해 있었지만, 그 역시 추방되었다. 일년 정도가 지난 후 그는 자신이 과거 호메이니 정부와 호메이니를 옹호했던 뉴욕과 런던의 똑같은 연단에서, 그가 봉사했었던 그 정부와 사람들을 공격함으로써, 호메이니의 이란에 대한 분노에 찬 공공연한 비판자가 되었다. 그러나 그는 미국의 역할에 대한 그의 비판적 감각을 상실하지 않았고, 미국의 제국주의에 대해서도 일관되게 말했다. 샤 왕조 정권과 그것을 지원했던 미국에 대한 그의 과거 기억들은 그의 존재 속에 깊이 각인되었다.

그렇기 때문에 나는 1991년 걸프전 발발 몇 개월 후 그가

전쟁에 관해 말하는 것을 들었을 때 더욱더 큰 슬픔을 느꼈
다. 그는 당시 이라크에 대해 전쟁을 일으킨 미국의 옹호자
로서 말했다. 수많은 유럽의 좌익 지성인들처럼 그는 제국주
의와 파시즘 간의 갈등에서 사람은 항상 제국주의를 선택해
야만 한다고 말했다. 내가 볼 때, 이러한 불필요하게 희석된
선택의 상들을 공식화한 것들의 어느것도, 어느 누구도 파시
즘과 제국주의 모두를 거부하는 것이 지성적이고 정치적인
근거위에서 매우 가능할 뿐 아니라 그것이 바람직스럽다는
것을 파악하고 있지 않다는 사실에 놀라지 않을 수 없었다.

어떤 경우에 있어서도, 이러한 이란인 친구에 대한 짧은 이
야기는, 내가 공공영역이라고 부르는 것에 대해 이론적으로
또는 학문적으로 뿐만 아니라 직접 참여하는데 관심으 갖고
있는 오늘날의 지성인들이 직면하는 딜레마들 가운데 하나를
감추어버린다. 지성인은 어느 정도까지 개입해야 하는가? 지
성인은 한 분파에 가입해야만 하고, 실제 정치과정, 개인적
특성, 직무들을 통해 구체화되는 이념에 기여하고, 그에 따
라 그 이념의 진정한 신봉자가 되어야 하는가? 그렇지 않으
면, 뒷날 배신과 환멸의 고통을 겪는 일이 없이 가담할 수 있
는 어떤 별개―그러나 진실하게 개입하는 것이나 다름없는―
의 방법이 있는가? 어떤 대의명분에 대한 지성인의 충성심은
어느 정도까지 일관되게 신의를 유지해야만 하는가? 지성인

은 독립적인 정신을 보유하면서, 동시에 공공연한 말뒤집기와 고백의 고통을 겪지 않을 수 있는가?

　이슬람교의 신정정치로 돌아갔다가 다시 빠져나온 나의 이란인 친구의 순례 이야기는, 신념의 매우 극적인 전도현상에 의해 수반되는 거짓 종교적 개종과 역개종에 관한 실례와는 완전히 일치하지는 않는다. 내가 그를 이슬람교 혁명의 옹호자로서, 그리고 계속해서 혁명 대열의 지성적 군인으로서, 아니면 산산히 부서진 혐오감 속에 혁명 대열을 떠났던 솔직한 비판자로서 보았든지에 관계없이, 나는 내 친구의 성실성을 결코 의심한 적이 없다. 그는 두번째의 호메이니 정부에 대한 비판자로서의 역할-열정적이고, 유창하고 명백하게 효과적인 토론자의 한 사람으로서-에서 그랬던 만큼 첫번째의 이슬람 혁명의 옹호자로서의 역할에서도 완전한 확신이 있었다.

　내 친구가 시련을 겪는 동안, 내가 그와 관련없는 외부자였던 것처럼 가장하지 않았다. 70년대 동안 팔레스타인의 민족주의자로서 그와 나는 미국에 의해 자행된 엄청난 개입적 역할에 대항하여 공동전선을 폈다. 우리의 사고방식으로 보면 미국은 샤 왕조를 뒷받침했고, 불공정하고 시대착오적으로 이스라엘을 회유하고 지원했다. 우리는 우리의 두 국민들을 잔인할 정도의 냉혈적인 정책들, 즉 억압, 박탈, 수탈의 희생

자로 보았다. 비록 내가 여생 동안 추방자로 남는 것을 스스
로 포기했었다는 사실을 고백해야 한다고 하더라도, 우리 둘
모두는 물론 추방자였다. 말하자면 내 친구의 팀이 승리했을
때, 나는 환성을 질렀다. 그렇지만 그것이 마침내 그가 집으
로 돌아갈 수 있었기 때문만은 아니었다. 성공적인 이란 혁
명 - 그 혁명은 가장 현학적인 마르크스주의 중동지역 전문가
들까지도 철저하며 당혹스럽게 만든 성직자와 평민의 있을성
싶지 않은 동맹에 의해 이루어졌다 - 은 1967년 아랍의 패배
이래 줄곧 지속되었던 아랍지역에서 서방 패권에 대한 최초
의 주된 타격이었다. 우리들은 그것을 승리로 보았다.

그러나 아마도 어리석을 정도로 완고한 세속적 지성인으로
서 나의 경우에 있어서는, 호메이니가 최고 지배자로서의 음
험한 전제 군주적이고 완고한 개인적 특성을 드러내기 이전
에도 나는 그에게 특별히 매료된 적이 결코 없었다. 본래 나
는 어떤 단체의 가입회원이나 정당원이 아니었기 때문에 공
식적인 직무를 맡은 적이 결코 없다. 나는 확실히 권력권 밖
의 주변인이 되는데 익숙했었는데, 아마도 그 이유는 내가
그러한 매력있는 집단 내부의 지위를 가질 만한 어떠한 재능
도 없었기 때문에, 국외자의 미덕을 합리화했던 것으로 보인
다. 나는 군대를 통할하고 정당과 국가를 이끌면서 무소불위
의 권위를 휘두른 사람들을 결코 철저하게 신뢰할 수 없었다

- 왜냐하면 그들은 이른바 결국 공명정대한 남성과 여성들이
었던 것이다. 영웅숭배와 대부분의 정치 지도자들에게 적용
되는 영웅주의 그 자체의 관념까지도 언제나 나에게는 흥미
를 주지 못했다. 나는 내 친구가 대부분 동맹과 거부의 위대
한 의식을 빈번히 치르면서, 어떤 측에 가담하고, 그런 다음
포기하고, 또 다시 가담하는 것(그의 서방 여권을 포기한 다
음 다시 취득하는 것과 같은)을 보면서, 미국 시민권을 지닌
팔레스타인 사람이 되는 것이 내 남은 생애 동안 편안하게 지
내는 데에 있어서는 더이상의 매력적인 대안이 없는 나의 유
일한 숙명인 것 같은 사실에 이상한 희열을 느꼈다.

14년 동안 나는 망명 팔레스타인 의회인 팔레스타인 국가
회의Palestine National Council의 무소속 의원으로 일했
다. 내 자신이 참석했던 것으로만 본다면 그 회의의 전 구성
원이 참석한 것은 기껏해야 통틀어 약 일주일 정도였다. 나
는 결속의 행위로서, 더 나아가 저항의 행위로서 그 회의에
남아 있었다. 그 이유는 서방에서 내가 이스라엘 정책에 저
항하고 팔레스타인의 자결권을 쟁취하기 위한 투쟁에 내 자
신을 공공연하게 연루시키는 팔레스타인인의 한 사람으로서
내 자신을 노출시키는 것이 상징적으로 중요하다고 느꼈기
때문이다.

나는 공직을 가지라는 모든 제의를 거절했다. 나는 결코 어

떤 정당이나 파당에 가담하지 않았다.

나는 인티파타intifata3)의 3년째 되던 해 미국의 공식적인
팔레스타인 정책들로 인해 불안해졌을 때, 아라비아의 공개
토론회의에서 나의 견해를 널리 알렸다. 나는 우리 국민의
비애에 대한 주요 저술가로 내가 여전히 보고 있는 권력들의
제휴를 거부하면서, 이스라엘이나 미국에 대한 투쟁을 결코
포기한 적도 없으며 가담한 적도 분명히 없다. 마찬가지로
나는 결코 아랍국가들의 정책을 지지한 적도 없으며, 그들의
공식적 초청까지도 받아들인 적이 없다.

아마도 내가 갖고 있는 이러한 너무나 심한 저항적 입장들
은, 필연적으로 팔레스타인 사람이 되는 것이 불가능하고 또
일반적으로 팔레스타인 사람이 되는 결과를 상실한 것의 연
장선상에 있다는 점을 인정할 철저한 각오에서 나온 것들이
다. 즉, 우리는 영토주권을 결여하고, 오직 작은 승리만을 가
졌고, 그마저 축하할 충분한 공간도 거의 없다. 아마도 그러
한 것들은 확신과 신념의 완전한 일치 속에서 다른 사람들이

---

3) 인티파타는 아랍어로 '봉기'를 의미하는 것으로 팔레스타인들의 반이스
라엘 독립운동을 가리키는 말이다. 1987년 12월 가자지구에서 일어나
팔레스타인 사람의 교통사고 사망을 계기로 이스라엘의 차별정책에 대
한 팔레스타인 사람들의 불만이 폭발, 요르단 강 서안지구 등 이스라엘
점령지로 확산된 민중주도의 저항운동이다. 팔레스타인 사람은 이스라
엘의 치안부대에 대해서 무기사용을 억제하고 거의 맨손으로 저항하였
다. 1988년 6월 아랍 긴급정상회의에서는 PLO의 지도아래 인타파타를
지속시키기 위해 원조할 것이라는 공동선언문을 발표하였다.

내 자신을 하나의 주의주장이나 분파에 연계시키려는 것에 대한 나의 거부감을 합리화 하고 있다. 나는 단지 개종자와 진정한 신봉자의 열광으로부터 전달되었던, 그저 나에게는 모호할 뿐인 종교적 특질에 대해 내 자신이 국외자와 회의론자로서의 자율성을 유지하기 바랐었기 때문에, 하나의 주의주장이나 분파에 완전하게 일치될 수 없었던 것이었다. 1993년 8월 이스라엘~PLO 협정 – 나는 여전히 완전한 확신을 전혀 갖지 못했다 – 이 발표된 이후, 이러한 비판적 초연함에 대한 인식이 옳았음을 알 수 있었다. 행복과 만족감에 들뜬 공식적 선언은 말할 것도 없고, 매스컴이 자극한 쾌감은, PLO의 지도부가 단순히 이스라엘에 굴복했다는 냉혹한 현실을 왜곡 보도한 것으로 나에게는 보였었다. 당시 그러한 것을 말하는 것은 작은 소수 중의 하나가 되는 것이지만, 지성적이고 도덕적인 이유에 의해 그것이 행해져야 한다는 것을 느꼈다. 그러나 내가 낱낱이 말해온 이란의 경험들은, 20세기 지성적 경험을 표시하는 변절과 공공연한 말뒤집기의 일화들과 비교를 할 수 있게 한다. 그러한 것들은 또한 내가 가장 잘 알고 있고 여기에서 고찰하고자 하는 서방과 중동세계 모두에 해당되는 것들이다.

나는 애초부터 말을 얼버무리거나 내 자신을 매우 애매하게 하는 것을 원하지 않는다. 나는 모든 종류의 정치적 신에

대한 변절과 믿음에 반대한다. 나는 변절과 믿음 모두가 지
성인에게 부적합한 행동으로 간주한다. 그렇다고 지성인이
물가에 있거나, 또 경우에 따라서 물속에 발끝을 살짝 담그
기도 하면서 거의 모든 시간을 물에 젖지 않은 상태로 남아
있어야 한다는 것을 의미하는 것은 아니다. 내가 이 강좌에
서 기술하는 모든 것은, 지성인이 열정적인 이행, 위험부담,
폭로, 원칙들의 준수, 세속적인 대의명분에 대해 토론하고
관여하는 것에 있어서의 취약성을 지니는 것에 대한 중요성
을 강조하는 것이다. 예컨대 내가 앞부분에서 도출해 낸 전
문직업적 지성인과 아마추어적 지성인 사이의 차이는 정확히
이것에 달려 있다. 전문직업적 지성인은 전문성을 토대로 초
연함을 주장하고 객관성을 가장하는 반면에, 아마추어적 지
성인은 보상이나 계획된 경력에 대한 직접적인 충족에 의해
서가 아니라, 공공 영역에서의 이념과 가치들에 결부되는 약
속이행에 의해 움직인다. 지성인은 시간이 경과함에 따라 자
연스럽게 어느 정도 정치적 세계로 향하게 된다. 그 이유는
정치적 세계가 학문기관이나 실험실과는 달리 권력과 이익을
크게 고려하는 가운데 활성화되기 때문이다. 그러한 권력과
이익은 전체 사회나 국가를 움직이고 있고, 그것은 또한 마
르크스가 매우 숙명적으로 말했듯이 지성인들에게 비교적 추
상적인 해석의 문제에서부터 사회변동과 전환이라는 훨씬 더

중요한 문제들에 이르기까지 다루도록 하기 때문이다.

특별한 견해, 이념, 이데올로기를 형성하고 재현하는 특기를 지닌 모든 지성인들은, 논리상 사회에서 그러한 것들을 움직이게 하고자 하는 열망을 갖는다. 오직 자기 자신을 위해서, 또는 순수한 학문을 위해서, 또는 형이상학을 위해 글을 쓰는 것을 주장하는 지성인은 믿기지도 않고, 또 절대로 그럴 수도 없는 것이다. 20세기의 위대한 저술가 장 주네 Jean Gene는 언젠가 당신이 사회에서 글을 발표하는 그 순간 당신은 정치적 세계로 진입하게 되는 것이라고 말했다. 따라서 만일 당신이 정치적으로 되지 않기를 바란다면 글을 쓰거나 말을 해서는 안 된다.

사람들이 제휴라는 단어를 사용하는 것을 싫어 할지라도, 전향의 핵심은 단순히 노선의 가담이 아니라 직무를 맡는 것에 있다. 이러한 유형에 대한 사례가, 일반적으로 서방에서 특히 미국에서 지성인 군단들이 세계 모든 사람들의 이성들과 감정들을 위한 투쟁으로 간주되었던 것에 가담했던 냉전 기간 보다도, 더 불명예스럽고 불쾌한 때는 사실상 없었다. 지성적 냉전의 이상스러운 마니교도적 측면을 집약하고 있는 1949년 리차드 크로스맨 Richard Crossman이 편집한 대단히 유명한 책에는 『실패한 신The God That Failed』이라는 제목이 붙어있다. 그 제목의 귀결과 그것의 명백한 종교적

색채는 그 책의 내용에 관한 과거 모든 사람의 기억 속에 잘 살아 남아있지만, 여기에서 그것들에 대한 간단한 요약이 필요하다. 저명한 서방 지성인-그들 가운데에서도 특히 이나시오 실로네Ignazio Silone, 앙드레 지드, 아더 쾨슬러 Arther Koestler, 스티븐 스펜더Stephen Spender를 포함한다-의 어리석음에 대한 증명서로서 의도 되었던 『실패한 신 』은, 그들 각자에게 모스크바로 향하는 길, 그에 따르는 불가피한 미몽에서의 벗어남, 그리고 그 뒤의 공산주의 신념에 대한 재포용이라는 자신들의 경험을 낱낱이 헤아리게 한다. 크로스맨은 힘 있는 신학적 어구를 말하는 것으로써 그 책 서문의 결론을 맺는다. '악마는 한때 천국에서 살았었으며, 악마를 만난 적이 없는 자는 그들이 천사를 볼 때 천사를 알아보지 못할 것이다.'[41]

이것은 물론 정치일 뿐 아니라 게다가 도덕극morality play4)과 같은 것이다. 지성에 대한 투쟁은 매우 사악했던 지성인의 삶에 대한 함의와 함께 영혼을 위한 투쟁으로 전환되어 오고 있다. 그것은 소련과 그 위성국가들의 경우에는 틀림없는 사례이다. 그곳에서는 철의 장막의 저편에서 호된 시련의 공포를 예증하는 재판, 대량 숙청, 거대한 교도소 제도를 보여준다.

---

4) 15~16세기에 유행한 권선징악극.

서방에서 앞에 언급한 동료들의 다수는 공개적인 참회를 할 것을 자주 요청받았다. 그것이 『실패한 신』에 수록된 글들과 같이 유명한 인물을 포함하는 경우는 다분히 볼썽사나운 일이며, 그것이 대중적인 히스테리를 자극하는 경우–미국에서 특히 지독한 사례로서–는 훨씬 더 흉물스러운 것이다. 그리고 매카시즘McCarthysim[5)이 절정에 달한 1950년대에 학생으로서 중동에서 미국으로 온 내 자신과 같은 사람들에게 그것은 사람의 마음을 혼미하게 하는 살벌한 지식인 계층을 형성하는 것으로 보였고, 오늘날까지도 난폭하게 과장된 내적 외적인 공갈협박으로 지속되고 있다. 그것은 모두 자기 비판적 분석은 물론 합리적 분석에 대한 지각없는 마니교의 승리를 나타내는 것으로, 낙담스럽게도 자기 스스로가 자초한 위기였다.

모든 경력은 지성적 성취의 바탕 위에서가 아니라, 공산주의의 악마성을 입증하거나, 회개하거나, 친구 또는 동료들에게 정보를 제공하거나, 아니면 과거 친구들의 적이었던 자들과 다시 한번 제휴하는 것을 바탕으로 해서 세워졌다. 언술의 전 체계는 반공산주의로부터 도출되었고, 또한 이데올로기 종말 학파의 가상적 실용주의로부터 지난 수년간 일시적

---

5) 미국공화당 상원의원 조세프 매카시Toseph R. McCarthy가 주창한 적색분자 추방주의에서 유래된 말로 극단적인 반공운동이나 적색분자 색출운동을 가리키는 말이다.

으로 그것을 계승한 역사의 종말학파에서 도출되었다. 미국 에서의 조직화된 반공산주의는 자유에 대한 수동적 옹호는 전혀 아니었으며, 노동조합, 학생 조직, 교회, 대학들의 침투 는 물론, 그렇지 않으면 문화자유회의Congress of Cultural Freedom - 이 단체는 『실패한 신』의 전세계적 배포뿐 아니 라『엔카운터Encounter』와 같은 잡지의 발행에 자금을 지원 하는 일을 했다 - 와 같은 나무랄 데 없는 집단들에 대한 CIA 의 은밀한 지지를 공격적으로 도출해냈다.

명백하게 반공산주의의 이름으로 행해진 수많은 성공적인 것들은 하나의 운동으로서 그 지지자들에 의해 역사에 기록 되어 왔다. 그러나 보다 존경스럽지 못한 양태는 첫째, 지성 적인 공개토론과 활발한 문화적 토론이, 복음주의적이고, 종 국에는 비합리적으로 된 해야 할 것들do 's과 하지 않아야 하 는 것들don't 's로 된 체계(오늘날 정치적인 정정하기의 선조 격인)에 의한 오염이며, 둘째로는 오늘날까지 계속되고 있는 공공연한 자기훼손의 어떤 형태인 것이다. 이들 두 가지 사 실 모두는 어떤 한 팀으로부터 보상과 특권을 얻고, 바로 똑 같은 개인이 상대를 바꾼 다음 새로운 후원자로부터 보상을 얻는 비천한 습관과 병행해서 이루어져 왔다.

잠시 전향과 말뒤집기의 대단히 불쾌한 미학을 강조하고자 한다. 그것은 관련된 개인이 동의와 그에 뒤이은 변절을 공공연하게 드러내는 경우, 지성인들에게 그들로부터 봉사받는 것으로 가정되는 국민과 일의 진행절차들에 대한 접촉을 상실시키는 결과를 낳는 일종의 자기도취증과 과시주의가 어떻게 해서 산출 되는가에 대한 문제이다. 나는 이 강좌에서 여러 차례 지성인이 이념적으로 해방과 계몽을 재현해야 하지만, 그것은 결코 추상적이거나 냉혈적인 것이 아니며, 섬겨야 할 어떤 신과도 거리가 먼 것이라는 점을 말했었다. 지성인의 재현들 – 지성인이 재현하는 대상들과 이러한 이념들이 청중들에게 재현되는 방법 – 은 언제나 사회에서 계속 경험하는 유기적 부분과 연결되고, 또 그것들에 남아있어야만 하는 것이다. 즉 빈민, 불이익을 받는 자들, 목소리를 내지 못하는 자들, 대변되지 못하는 자들, 힘없는 자들에 대한 재현이다. 이러한 것들은 똑같이 구체적이고 계속적인 것이다. 그것들은 모습이 변형되어서 교의, 종교적 선언들, 전문직업인의 방법들로 응고되어 버린다면 살아남을 수 없다.

그러한 변형들은 지성인과, 그리고 지성인 자신이 일부분이 되고 있는 운동 또는 과정들과의 살아있는 연결 끈을 단절해버린다. 더욱이 자기자신, 자신의 견해, 자신의 정직함, 자신의 안정된 지위를 가장 중요한 것으로 생각하게 되는 전율스러운 위험이 있다. 증명서로 『실패한 신』을 통독한다는 것은 나에게는 침울한 일이다. 나는 묻고자 한다. 왜 당신은 지성인으로서 어떤 식으로든 신이라는 것을 믿느냐? 게다가 누가 당신에게 당신의 처음의 신념과 후일의 미몽에서의 깨어남이 지극히 중요하다고 생각할 권리를 부여했는가? 나에게 있어서 종교적 신념은 본질적으로 그리고 자연스럽게 이해될 수 있는 것이고 철저하게 개인적인 것이다. 세속적 지성인에게 있어서 영역에 대한 반갑지 않고 부적절한 또 다른 한 영역의 침해를 느끼는 경우는 한 측은 순수하게 선이고 다른 측은 돌이킬수 없는 악이라는 전체적인 교조적 체계가, 활기찬 상호교환의 주고받기의 과정으로 대체되는 바로 그러한 때이다. 정치는 생각하기에 공포스러운 인종 청소, 대량 학살, 끝없는 갈등을 초래하는 종교적 열광주의-오늘날 전 유고슬라비아는 그 사례이다-가 되고 있다.

  매우 일반적으로 과거의 전향자와 새로운 신봉자가 똑같이 참을성이 없고 똑같이 교조적이고 폭력적이라는 사실은 아이러니다. 통탄스럽게도 최근 몇년 사이의 극좌로부터 극우로의 급전환은, 독립성과 계몽을 가장하는 짜증스러운 사업으로 귀착되고 있으나, 미국에서는 특히 그러한 급전환이 오직 레이거니즘과 대처리즘의 우위를 반영해 오고 있을 뿐이다. 이러한 미국 쪽의 자기 광고의 특별한 상표에 대한 지류는 그 스스로를 제2의 사고Second Thoughts라고 부른다. 이는 무모한 1960년대 10년 동안에서의 제1의 사고가 급진적이고 잘

못된 것이었다는 생각에 기초한다. 1980년대 후반의 수개월
에 있어서 제2의 사고는 브래들리Bradley와 올린Olin재단과
같은 우익 보호자들Maecenases[6])로부터 놀라울 정도의 풍부
한 재정보조를 받으면서 하나의 운동으로 발전되기를 갈망했
었다. 이러한 특수한 흥행주들로는 데이비드 호로위츠David
Horowitz와 피터 꼴리에Peter Collier가 있었다. 그들의 펜
을 통해 서로서로 비슷비슷한 책들이 흘러넘쳤다. 그 책들의
대다수는 개종한, 그들 가운데 하나의 말을 빌리면 활기찬
친아메리카주의자와 반공주의자가 된 과거의 급진주의자들
을 폭로하는 것이었다.[42]

　만일 반베트남과 반미국anti‒AmeriKan(미국인들은 항상
'K'로 철자를 쓴다) 논쟁을 했던 1960년대 급진주의자들이,
그들의 신념에서 단정적이고 자기 극화적이었다고 한다면,
제2세대의 사상가들도 똑같이 목소리가 크고 단정적이었다.
다만 제2세대 사상가에게 유일한 문제는, 비록 계속된 과거
에 대한 자기 스스로의 무단삭제정정과 참회 고백문의 경건
한 암송에 어떤 한계도 없는 듯 보이는 것은 똑같을지라도,
이제는 어떤 공산주의 세계도 없고, 어떤 악마의 제국도 없
다는 것이었다. 그렇다 해도 그 이면에서 실질적으로 경축되

---

6) 미시너스 : 고대 로마의 정치가로 문예의 보호자 Gaius Maesenases의
　이름으로 오늘날 문학, 예술의 보호자를 칭하는 대명사격으로 사용됨.

고 있던 것은, 한 신으로부터 새로운 신으로의 이행이었다.
과거 한때 부분적으로 열광적 이상주의와 현상에 대한 불만
족에 기초해서 하나의 운동으로 발전되었던 것이, 제2세대
사상가들에 의해 미국의 적들과 공산주의의 잔인무도함에 대
한 범죄적 맹목성 앞에서 그들이 모욕이라고 불렀던 것과 다
름없는 것으로서 회고적으로 단순화되거나 개조되었다.[43]

아랍세계에서 1970년대 동안 약화된, 비록 공허하고 때로
는 파괴적일지라도 용기있는 나세르Nasser 시절의 범아랍
민족주의는 비대중적이고 무감각한 소수지배 정권에 의해 그
대부분이 엄격하게 관리되는 일련의 국지적이고 지역적인 강
령들로 대체되어 왔다. 그것들은 이제 이슬람 운동의 전체
대열에 의해 위협받고 있다. 그러나 각 아랍국가에는 세속적
이고 문화적인 대립이 잔존하고 있다. 비록 가장 재능있는
저술가, 예술가, 정치평론가, 지성인들의 경우, 그들 대부분
이 침묵이나 추방의 괴로움을 당해 온 소수를 구성하고 있을
지라도, 그들은 일반적으로 대립의 한 부분이다.

더욱 불길한 현상은 오일 부국들의 세력과 부이다. 시리아
와 이라크의 바트당7)정권들에 쏟아진 수많은 선정적인 서방
대중매체는, 학자, 저술가, 예술가들에게 푸짐한 후원을 제
공하고 사용할 많은 돈을 소유한 정부에 의해 이루어지고 있

---

7) 아랍의 민족주의 정당.

는 그들을 순응시키기 위한 보다 더 은밀하고 음흉한 압력은 그들의 관심대상에서 제외하는 경향을 보여왔다. 이러한 압력은 특히 걸프 위기와 전쟁 기간 동안에 명백했다. 걸프 위기에 앞서 아랍주의는, 나세르주의의 주의주장과 반둥 회담의 반제국주의적이고 친독립적인 경향과 비정돈적인 운동을 그들 스스로가 추진하고 있는 것으로 믿은 진보적 지성인들에 의해 무비판적으로 지지되고 옹호되어 왔다. 이라크의 쿠웨이트 점령에 대한 직접적 여파로서 지성인의 극적인 재조정이 발생했다. 많은 언론인들과 함께 이집트 출판 산업의 전 부문들이 180도 급전환했다는 것이 제시되어 왔다. 과거의 아랍 민족주의들은 갑자기 과거에 증오했던 적들인 사우디아라비아와 쿠웨이트를 이제는 새로운 친구와 후원자로 칭송하는 노래를 부르기 시작했다.

아마도 수지맞는 보상들이 180도 급전환을 일으키도록 제공되는 듯했다. 그러나 아랍의 제2의 사상가들은 갑작스레 걸프만의 이쪽 또는 저쪽 지배왕조의 대단한 미덕뿐만 아니라, 그들의 이슬람에 관한 열정적인 감정들도 역시 발견했다. 겨우 일이년 전에 그들의 대다수(사담 후세인을 지원했던 걸프만 정권을 포함해서)는 아랍주의의 고대의 적인 '페르시아인들'을 싸워 격퇴시킨 이라크에 대한 찬가를 부르고 축제를 후원했었다. 이러한 초기 시절의 언어들은 무비판적이고, 과장적이고, 감정적이었으며, 그것은 또한 영웅 숭배와 허위 종교적 표현의 냄새를 풍겼었다. 사우디 아라비아가 조지 부시George Bush대통령과 그의 군대를 안으로 끌어들였을 때, 이러한 목소리는 뒤바뀌었다. 이때 그들은 현 지배자들에 대한 무비판적인 지지를 통해 사육되면서, 아랍민족주의(그들은 이를 조잡한 혼성작품으로 전환했다)에 대해 공식적이고 대단히 반복적으로 거부의사를 확고히 했었다.

　오늘날 중동에서의 중심적인 외부 세력으로서 미국의 새로운 돌출은 아랍 지성인들에게 문제를 더욱더 복잡하게 만들고 있다. 한때 기계적이고 지각없는 반미주의 - 교조적이고, 상투어적으로 학대받고, 멍청할 정도로 단순했던 - 였던 것이 절대명령에 의해 친미주의로 바뀌었다. 아랍세계 전역에 걸쳐 많은 신문과 잡지들에 있어, 특히 언제나 편리한 재정 보조를 받고 있는 것으로 잘 알려진 것들의 경우에는, 미국에 대한 비판주의가 극적으로 축소되었고 어떤 경우는 아예 삭제되어 버렸다. 이러한 것은 이런 저런 정권의 비난에 대한 통상적인 금지를 수반하고 있으며, 실제적으로는 그러한 정권이 숭배되고 있는 것으로 볼 수 있다. 매우 소수의 아랍 지성인들은 갑자기 유럽과 미국에서 그들을 위한 새로운 역할을 발견했다. 그들은 한때 호전적인 마르크스주의자이거나 대개는 트로츠키주의자들Trotdkyists이었고, 팔레스타인 운동의 지지자들이었다. 이슬람 혁명이후 일부는 이슬람주의자가 되었다. 이러한 지성인들은 신들이 도망하거나 또는 쫓겨나자, 새로이 섬길 신을 찾아 여기 저기를 어떤 계산 속에 암중 모색하는 가운데 침묵을 지켰다. 특히 그들 가운데 한사람은 한때 충실한 트로츠키주의자였었는데, 이후에 좌익을 버리고 많은 다른 사람들이 그랬듯이 걸프만 쪽으로 전환했고, 걸프만에서 그는 꽤 괜찮은 생활을 구축했었다. 그는 걸프 위기 직전에 그 자신을 다시 드러냈고, 특히 한 아랍 정권에 대해 열렬한 비판자가 되었다. 그는 결코 그 자신의 이름으로 글을 쓴 적이 없으나, 그의 정체성(그리고 그의 이익)을 보호해주는 일련의 필명을 사용하면서, 아랍문화 전체를 무차별적으로 그리고 신경과민증적으로 두들겨댔다. 그는 이것을 그 자신이 서방 독자의 관심을 얻는 방식으로 했었다.

이제 어느 누구나 서방의 주류 언론매체에, 미국의 정책이나 이스라엘에 대해 비판적인 어떤 것을 말한다는 것이 극도로 어렵다는 것을 안다. 역으로 하나의 국민과 문화로서 아랍에 적대적인 것이나 또는 종교로서 이슬람에 적대적인 것을 말하는 것은 우스울 정도로 용이하다. 그 이유는 사실상 서방을 위한 대변자들과 회교도와 아랍세계를 위한 대변자들 간에 문화적 전쟁이 존재하기 때문이다.

지극히 격정적인 상황에서 한 지성인으로서 행동하는데 있어 가장 힘든 것이 비판적으로 되고, 언어적 융단폭격과 같은 비유적 문체의 선택을 거부하는 대신에, 대중적 기반이 없는 피보호정권들에 대한 미국의 지원과 같은 문제들에 초점을 맞추는 것이다. 그리고 그러한 것들은 미국에서 글을 쓰고 있는 사람에게 있어서는 비판적 토론으로부터 좀더 많은 영향을 받게 되는 듯하다.

물론 다른 한편에는 청중을 확보하는 실질적으로 확실한 방법이 있다. 그것은 당신이 아랍의 한 지성인으로서 열정적으로 심지어는 비굴하게까지 미국의 정책을 지지하고, 언제나 미국을 비판하는 자를 공격하고, 그리고 만일 공교롭게도 그들이 아랍인라면 그들의 사악함을 보여주는 증거들을 당신이 만들어내면 되는 것이다. 그것은 또한 만일 그들이 미국인이라면, 당신은 그들의 이중적 상황이 불가피함을 입증하는 이야기들과 상황을 만들어내는 것이다. 또한 그것은 당신이 아랍인들과 회교도들의 전통을 모욕하고, 그들의 역사를 더럽히고, 당연히 많이 있을 수 있는 그들의 약점들을 강조하는 데에 효과를 지닌 아랍인과 회교도들에 관련된 이야기들을 질질 끌어내는 것이다. 그것은 또한 무엇보다도 당신이 공식적으로 인정된 적들-사담 후세인, 바트당주의자, 아랍 민족주의, 팔레스타인 운동, 아랍의 이스라엘에 대한 관점-을 공격하는 것이다. 물론 이는 당신이 기대한 영예를 얻도록 해준다. 즉, 당신은 용감한 사람으로 특징지워지고, 당신은 솔직하고 열정적이라는 등등이 된다. 물론 새로운 신은 서방이다. 당신은 아랍인들이 더욱더 서방과 유사해지려 노력해야만 하고, 서방을 하나의 원천이나 준거점으로 간주해야 한다고 말한다. 서방이 실제로 했었던 것들의 역사는 지나간 것이다. 걸프전쟁의 파괴적 결과도 지나간 것이다. 우리 아랍인들과 회교도들은 병든 자들이고, 우리의 문제는 우리 자신의 것이고, 전적으로 자업자득인 것이다.[44]

수많은 것들이 이러한 종류의 행동들을 표출시키고 있다. 무엇보다도 여기에는 어떤 보편주의도 없다. 왜냐하면 당신이 무비판적으로 한 신을 섬김으로써, 모든 악마들은 항시 다른 편에 있기 때문이다. 이는 전향해서 전前 트로츠키주의자가 된 지금은 물론 당신이 트로츠키주의자였던 시절에도 사실이었다. 당신은 예컨대 아랍인들과 회교도들이 서방과 얽어져 있는 아니면 그 역의 관계로서 이루어진 길고도 복잡하게 뒤얽힌 역동적이라는 것과 같은 상호관계 또는 공통 역사의 관점에서 정치를 생각하지 않는다. 진정한 지성적인 분석은 한 쪽은 결백하고 다른 쪽은 사악하다고 말하는 것을 금하고 있다. 문화가 쟁점이 되고 있는 곳에서 실제로 한 쪽만의 관념은 고도로 문제성이 있는 것이다. 왜냐하면 문화들은 물샐 틈 없을 정도로 완벽한 작은 꾸러미들이 아니고, 모두

동질적이지도 않고, 모두가 선하거나 사악한 어느 한 쪽이
아니기 때문이다. 그러나 만일 당신의 눈이 당신의 후원자에
게 맞춰진다면, 당신은 지성인으로서 사고할 수 없고, 그저
한 문하생이나 견습생으로서 생각할 수 있을 뿐이다. 당신의
마음 이면에는 당신이 즐거워야만 하고 불쾌하지 않아야만
한다는 사고가 존재하고 있다.

두번째로는 이전의 주인들을 섬겼던 당신 자신의 역사는
물론 짓밟혀지거나 악마화된다. 그러나 그것이 가장 미미한
정도의 자기의심마저도 일으키지 못하고, 큰소리로 신을 받
드는 전제들에 대해 의문을 갖도록 당신을 자극하지도 못하
고, 그 결과 갑자기 새로운 신을 위해 같은 짓을 하도록 충동
적으로 휩쓸리게 된다. 그것은 당치도 않다. 즉 당신이 과거
에 한 신으로부터 또 다른 신으로 기울어졌듯이, 당신은 현
재에도 같은 짓을 계속해서 하고 있으며, 좀더 냉소적으로
말한다면 그것은 맞는 것이지만, 결국에는 같은 효과를 지니
게 되는 것이다.

반대로 참 지성인은 세속적 존재인 것이다. 그러나 많은 지
성인들은 그들의 재현이 더욱 높고 궁극적인 가치를 지닌 것
이고, 도덕성이 우리들의 세속적 세계에서 그들 행동의 처음
부터 발생하는 것처럼 가장한다. 재현이 어느곳에서 일어나
며, 누구의 이익에 기여하며, 어떻게 해서 일관성 있고 보편

적인 윤리와 일치하게 되며, 권력과 정의를 어떻게 구별하
며, 누구의 선택과 우선순위에 따라 어떤것을 드러내는가와
관련되는 문제이다. 언제나 실패하면 신들은 궁극적으로 지
성인에게 오직 신도이냐 아니면 적이냐만을 인식하는 실재에
대한 일종의 절대적인 확신과 전체적이고 매끄러운 관점을
요구한다. 훨씬 더 흥미있는 것으로서 나에게 강렬한 인상을
주는 것은, 의심에 대해서, 그리고 경계하고 회의적인 아이
러니(오히려 자기 아이러니도 역시)의 부분에 대해, 마음 속
에 열린 공간에 대해 유지하는 방법이다. 그렇다. 당신은 확
신을 갖고 있고 당신은 판단을 내린다. 그러나 그것들은 일
에 의해서 도달되고, 다른 사람들, 다른 지성인들, 민중운동,
계속되는 역사, 일련의 생동적인 삶들에 대한 교류의 느낌
의해 도달될 수 있다. 추상성이나 정통론에 대해 말하자면,
그것들이 항상 회유하고, 달래는 것을 필요로 하는 후원자들
이라는 사실에서 문제가 따르는 것이다. 지성인의 도덕성과
원리들은, 사고와 행동을 한쪽 방향으로 몰아가고 오직 하나
의 연료 공급원만이 있는 엔진에 의해 동력을 공급받는 일종
의 밀봉된 변속기를 형성하지 않아야만 되는 것이다. 지성인
은 기존 권위체의 주위를 감시하며 걸어야만 하고, 기존 권
위체에 대해 저항하고 말대꾸할 여유 공간을 가져야만 한다.
그 이유는 오늘의 세계에서 권위에 대한 무조건적인 복종이,

적극적이고 도덕적이고 지성적인 삶에 가장 큰 위협이 되고
있기 때문이다.

자기 자신을 위협하는 그러한 것에 맞부딪히는 것은 어려
운 것이다. 게다가 자신의 신념과 일치하면서, 동시에 성장
할 수 있는 당신의 마음을 변경하고, 새로운 것을 발견하거
나 또는 당신이 한때 한편으로 제껴두었던 것을 다시 발견할
수 있도록 충분히 자유로운 상태를 유지할 수 있는 방법을 찾
는 것은 더욱더 어려운 것이다. 지성인이 되는 가장 힘든 측
면은 당신이 어떤 기관에 얽매이지 않고, 또는 어떤 체계나
방법의 명령에 따라 행동하는 자동기계가 되지 않으면서 당
신의 일과 개입을 통해 언명하는 것을 재현하는 것이다. 그
러한 재현에 성공하고, 또 경계심과 확고함을 유지하는 데에
도 역시 성공하는 희열을 느끼는 사람은, 어느 누구나 변절
이 얼마나 드문 것인지를 음미하게 될 것이다. 그러나 항상
그것을 성취하는 유일한 방법은, 한 지성인으로서 당신이 최
선의 능력을 다해서 진실을 적극적으로 재현하느냐, 아니면
피동적으로 후원자 또는 권위체가 당신을 지시하도록 허용하
느냐의 사이에서 선택을 취할 수 있는 사람이라는 것을 지속
적으로 자신에게 상기시키는 것이다. 세속적인 지성인들에게
는, 이러한 신들은 언제나 실패한다.

끝.

-원 주-

[1]

Raymond Williams, *Keywords: A Vocabulary of Culture and Society*(London: Fontana, 1988)

[2]

John Carey, *The Intellestuals and the Masses: Pride and Prejudice Among the Literary Intelligentsia 1880－1939*(London: Faber & Faber, 1992)

[3]

In the Political Responsibility of Intellectuals, eds, Ian Maclean, Alan Montefiore and Peter Winch(Cambridge: Cambridge University Press, 1990), p.27

[4]

Intellectuals(London: Weidenfeld and Nicolson, 1988), p.342.

[5]

'Jimmy', *The American Scholar*(Winter 1994), 102-110.

[6]

Antonio Gramsci, *The Prison Notebooks:Selections,*
trans. Quintin Hoare and Geoffrey Nowell-Smith(London:
Lawrence and Wishart, 1973).

[7]

Julien Benda, *The Treason of the Intellectuals,* trans.
Richard Aldington (London: Norton, 1980), p.43.

[8]
위의 글, p.52.

[9]
1762년 프로테스탄트 상인인 Toulouse의 장 칼라스Jean
Calas는 캐톨릭으로 개종하려 한 그의 아들에 대한 살인 혐
의로 재판을 받은 후 처형되었다. 증거가 취약한데도 빠른
평결이 나온 것은 단지 프로테스탄들이 개종을 원하는 다른
모든 프로테스탄트들을 죽이는 광신도들이라는 광범위한 민

음이 있었기 때문이었다. 볼테르는 칼라스 가족의 평판을 회
복시키는 성공적인 공공운동을 이끌었다(그러나 우리는 이제
볼테르 역시 그 자신의 증거를 만들었음을 안다). 한편 모리
스 바레스는 알프레드 뒤프레스의 유명한 반대자였다. 19세
기 말과 20세기 초기의 친 파시스트이자 반 지성적인 프랑스
의 소설가였던 모리스 바레스는 정치적 무의식의 관념을 옹
호하였다. 이러한 정치적 무의식은 모든 인종과 민족이 이념
과 경향을 집단적으로 따르는 것이다.

[10]

배반La Trahison은 1946년에 버나드 그라세Bernard Grasset
에 의하여 재출간되었다.

[11]

Alvin W. Gouldner, *The Future of Intellectuals and
Rise of the New Class*(New York: Seabury Press, 1979),
pp.28-43.

[12]

Michel Foucaul, Power/*Knowledge: Selected Interviews
and Other Writings 1972-1977*, ed. Colin Gordon(Hemel

Hempstead: Harvester Press, 1981)

[13]

Isaiah Berlin, *Russian Thinkers,* ed. Henry Hardy and
Aileen Kelly(London:Penguin, 1980)

[14]

Seamus Deane, *Celtic Revivals: Essays in Modern Irish
Literature 1880-1980*(London: Faber & Faber, 1985),
pp.75-6.

[15]

C. Wright Mills, *Power, Politcs, and People: The
Collected Essays of C. Wright Mills,* ed. Irving Louis
Horowitz(New York: Ballantine, 1963), p.299.

[16]

George Orwell, *Collected Essays*(London: secker and
Warburg, 1970).

[17]

나는 『오리엔탈리즘』(Lodon:penguin, 1991) 『이슬람 둘러
싸기』(NewYork: pamtheon)와 1993년 11월 2일자 『뉴욕타
임즈선데이 매거진』에 게제된 '가짜 이슬람 위협' 이라는 글
에서 이러한 실제를 토론한 바 있다.

[18]

Walter Benjamin, *Illuminations,* ed. Hannah Arendt,
trans. Harry Zohn (London:Fontana, 1973).

[19]

Edward Shils, 'The Intellectuals and the Powers: Some
Perspectives for Comparative Analysis' , *Comparative
Studies in Society and History,* Vol.1(1958－59), 5－22.

[20]

이는 Kirkpatrick Sale, *The Conquest of Paradise:
Christopher Columbus and the Columbian Legacy*(New
York: Knopf, 1992)에서 설득력 있게 제시되고 있다.

[21]

중국에서의 1919년 5월 4일 학생운동은 같은 해 산동지역에서의 일본인의 존재를 인정하는 베르사이유 회담에 대한 직접적인 반응으로서 발생하였으며, 당시 3,000명의 학생들이 천안문 광장에 결집하였다. 중국에서의 이러한 첫 학생 저항은 20세기에 있어서 다른 전국적인 조직적 학생운동의 시발점을 기록하였다. 2/3의 학생들이 구속되었고, 이것이 상통 문제에 대한 확고한 정부의 행동에 대한 운동 이상으로 그들의 석방을 위한 새로운 학생 동원을 초래했다. 학생운동을 억압하기 위한 정부의 시도는 그 운동이 일본인과의 경쟁에 의해 위협을 받고 있던 중국의 신흥 기업가 계급으로부터 지지를 받음으로써 실패하였다. 이는 John Israel, *Student Nationalism in China, 1927-1937*(Stanford: Stanford University Press, 1966)을 보라.

[22]

Aime Cesaire, *The Collected Poetry*, trans. Clayton Eshelman and Annette Smith(Berkely: University of California Press, 1983), p.72.

[23]

Carol Gluck, *Japan's Modern Myths: Ideology in the late Meiji Period* (rinceton: Princeton University Press, 1985)를 보라.

[24]

John Dower, *War Without Mercy: Race and Power in the Pacific War*(London: Faber & Faher, 1986).

[25]

Masao Miyoshi, *Off Center: Power and Culture Relations Between Japan and the United States*(Cambridge, Mass.: Hayvard University Press, 1991), p.125, 108.

5) 마루야마 마사오는 전후 일본인 저술가로서 일본의 제국적 역사와 제왕체제에 대한 주도적인 비판가이다. 미요시는 그를 서방의 심미적인 것과 지성인의 우월성을 역시 수용한 것으로서 그를 묘사하고 있다.

[26]

Theodor Adorno, *Minima Morlia: Reflections from Damaged Life,* trans. E. F. N. Jephcott(London: New Left

Books, 1951), pp.38 - 9.

[27]

Adorno, *Minima Moralia,* p. 87.

[28]

Translated by David Macey(London: New Left Books,
1981)

[29]

Debray, *Teachers, Writers, Celebrities,* P.71

[30]

Ibid. P.81

[31]

Russel Jacoby, *The Last Intellectuals: American Culture
in the Age of Academe*(New York: Basic Books, 1987)

[32]

Jacoby, *The Last Intellectuals,* pp.219 - 20.

[34]

Jean－Paul Sartre, *What is Literature?*(London:
Methuen, 1967).

[35]

Peter Novick, *That Noble Dream : The' Objectivity
Question 'and the American Historical Profession*
(Cambridge: Cambridge University Press, 1988), P.628.

[36]

나는 *Culture and Imperialism*(London: Vintage, 1994).
PP. 204－224에서 이러한 제국주의적 맥락을 구체적으로
논의 했었다.

[37]

이러한 의심스러운 지성인의 행위과정에 대한 설명으로는
Noam Chomsky, *Nessary Illusions: Thought Control in
Democratic Societies*(London: Pluto Press, 1989)을 보라.

[38]

이 주장에 대한 더 완전한 해석은 필자의 'Nationalism,

Human Rights, and Interpretation', *in Freedom and
Interpretation: The Oxford Amnesty Lectures 1992*
ed., Barbara Johnson(New York: Basic Books, 1993)
pp.175 - 205에서 찾을 수 있다.

[39]

Noam Chomsky, *Language and Mind*(New York:
Harcourt Brace Jovanovich, 1972), pp.90 - 99

[40]

나의 논문 *London Review of Books*, 21 October, 1993,
Volume 15, No.20, 3 - 5d의 'The Morming After'를 보라.

[41]

The God That Failed, ed. Richard Crossman(Washington,
D. C.: Regnery Gateway,1987), p.vii.

[42] Foot not
원문 p85참조 할것즉 친미구과 반공산주의.

[43]

상이하게 당양한 자기 부정에 대한 가치있는 교재로는 E. P.
Thompson's 'Disenchantment or Apostasy? A Lay
Sermon' in Power and Conciousness, ed. Conor Cruise
O' Brien(New York: New York University Press. 1969),
pp.149 – 182이 있다.

[44]

이러한 태도의 일부를 대표하는 저술로 Daryush
Shayegan, Cultural Schizophrenia: Islamisc Societies
Confronting the West, trans. John Howe(London: SaQi
Books, 1992)가 있다.